Hannes Kreuzer

Digitale Film-Distribution

Funktionsweise und kritische Beleuchtung
der Auswirkungen auf die Filmindustrie

Diplomica® Verlag GmbH

Kreuzer, Hannes: Digitale Film-Distribution: Funktionsweise und kritische Beleuchtung der Auswirkungen auf die Filmindustrie, Hamburg, Diplomica Verlag GmbH 2010

ISBN: 978-3-8366-8573-3
Druck: Diplomica® Verlag GmbH, Hamburg, 2010
Covermotiv: © SSilver - Fotolia.com

Bibliografische Information der Deutschen Nationalbibliothek:
Die Deutsche Nationalbibliothek verzeichnet diese Publikation in der Deutschen Nationalbibliografie;
detaillierte bibliografische Daten sind im Internet über http://dnb.d-nb.de abrufbar.

Die digitale Ausgabe (eBook-Ausgabe) dieses Titels trägt die ISBN 978-3-8366-3573-8 und kann über den Handel oder den Verlag bezogen werden.

Dieses Werk ist urheberrechtlich geschützt. Die dadurch begründeten Rechte, insbesondere die der Übersetzung, des Nachdrucks, des Vortrags, der Entnahme von Abbildungen und Tabellen, der Funksendung, der Mikroverfilmung oder der Vervielfältigung auf anderen Wegen und der Speicherung in Datenverarbeitungsanlagen, bleiben, auch bei nur auszugsweiser Verwertung, vorbehalten. Eine Vervielfältigung dieses Werkes oder von Teilen dieses Werkes ist auch im Einzelfall nur in den Grenzen der gesetzlichen Bestimmungen des Urheberrechtsgesetzes der Bundesrepublik Deutschland in der jeweils geltenden Fassung zulässig. Sie ist grundsätzlich vergütungspflichtig. Zuwiderhandlungen unterliegen den Strafbestimmungen des Urheberrechtes.

Die Wiedergabe von Gebrauchsnamen, Handelsnamen, Warenbezeichnungen usw. in diesem Werk berechtigt auch ohne besondere Kennzeichnung nicht zu der Annahme, dass solche Namen im Sinne der Warenzeichen- und Markenschutz-Gesetzgebung als frei zu betrachten wären und daher von jedermann benutzt werden dürften.

Die Informationen in diesem Werk wurden mit Sorgfalt erarbeitet. Dennoch können Fehler nicht vollständig ausgeschlossen werden, und der Diplomica Verlag, die Autoren oder Übersetzer übernehmen keine juristische Verantwortung oder irgendeine Haftung für evtl. verbliebene fehlerhafte Angaben und deren Folgen.

© Diplomica Verlag GmbH
http://www.diplomica-verlag.de, Hamburg 2010
Printed in Germany

Inhaltsverzeichnis

Abkürzungen 8
1 Einleitung 9
   1.1 Begründung der Themenwahl 9
   1.2 Zielsetzung 9
   1.3 Arbeitsmaterial und Methodik 11
2 Grundlagen der Filmfinanzierung & Distribution – „Alte Welt" 13
   2.1 Marktübersicht 13
   2.2 Independent- vs. Filmstudio-Modell, Unterschiede Europa und Amerika 19
   2.3 Definition Low & High Budget 22
   2.4 Finanzierung 22
      2.4.1 Förderungen 23
      2.4.2 TV 24
      2.4.3 Vorverkäufe – Weltvertrieb, Verleih 26
      2.4.4 Steuermodelle 27
      2.4.5 Koproduktion 28
      2.4.6 Weitere Finanzierungsformen 29
   2.5 Distribution 29
      2.5.1 Verwertung und Erlöse 29
         2.5.1.1 Kino 30
         2.5.1.2 DVD - Blue-ray - Flash 32
         2.5.1.3 VOD / Streaming 34
         2.5.1.4 Pay-TV & Free-TV 35
         2.5.1.5 Ancilary Rights 35
      2.5.2 Verwertungsfenster 35
      2.5.3 Recoupment 37
      2.5.4 Festivals 37
3 Grundlagen der Digitalen Film Distribution – „Neue Welt" 41
   3.1 Definition 41
   3.2 Empfang 42
      3.2.1 PC 42
      3.2.2 Set-Top-Box 44
      3.2.3 Konsolen 44
      3.2.4 Mobile Geräte 46
   3.3 Nutzungsart 46
   3.4 Übertragung 47
   3.5 Content 51
      3.5.1 User Generated Content 51
      3.5.2 Professional Generated Content 52
4 Marktübersicht und Nutzungsverhalten 55
   4.1 Internetnutzung 55
   4.2 Nutzung TV & Videos 56
   4.3 Nutzung Videospiele und virtuelle Welten 62

4.4		Markt Videoplattformen	64
4.5		Neues Nutzer- und Nutzungsverhalten	65
5		**Rechtliche Entwicklungen**	**71**
5.1		Globale Entwicklungen	72
5.2		Three Strikes	74
5.3		DRM	75
5.4		Offene Systeme - Creative Commons	77
5.5		Filesharing	80
6		**Strukturwandel der Filmindustrie**	**83**
6.1		Ein neues Major-Studio	83
6.2		Die Demokratisierung in der Produktion und im Vertrieb	83
6.3		No/Micro/Low Budget Films	87
6.4		Neue Finanzierungsformen	88
6.5		Verwertungsfenster im Wandel	92
7		**Zugang zum Endverbraucher – Wie erreicht der Content den Zuseher, der Zuseher den Content?**	**97**
7.1		Begriff „Filter"	98
7.2		Die Kollektive Kraft	98
	7.2.1	Virales Marketing	99
	7.2.2	Bewertungen	100
7.3		Aggregatoren	102
7.4		EPG / IPG	106
8		**Monetarisierung – Wie wird Geld verdient?**	**107**
8.1		Stichwort Content	109
8.2		Geschäftsmodelle	111
	8.2.1	Werbung	112
	8.2.2	Bezahlung Abo/Pay-Per-View	117
	8.2.3	Gratis - „Freemium"	121
	8.2.4	Selbst-Distribution	124
	8.2.5	Nebenrechte/Nebenverdienste	128
	8.2.6	Kulturflatrate	129
	8.2.7	Freiwillige Abgaben / Fair Use	130
8.3		Mythos Long Tail	131
8.4		„1000 True Fans"-Prinzip	134
8.5		Filesharing/Piraterie = Geldausfall?	136
9		**Die Auswirkungen – Warum nicht alles so rosig ist, wie es scheint**	**141**
9.1		Kontrolle	142
9.2		Finanzierung & Erlöse	145
9.3		Problemfall Globale Distribution	152
9.4		Marketing kostet weiterhin viel Geld oder viel Zeit	155
9.5		Filmindustrie ist nicht gleich Musikindustrie	159
9.6		Neues Nutzungsverhalten, neue Rahmenbedingungen	161
9.7		Wer profitiert, wer verliert?	164

10 Conclusio und Ausblick 169
11 Quellenverzeichnis 173
    11.1 Literatur...173
    11.2 Tabellen & Abbildungen 174
    11.3 Interviews 177
    11.4 Internetquellen...177

Abkürzungen

Anm. d. Verfass.	Anmerkung des Verfassers
bzw.	beziehungsweise
ca.	circa
d.h.	das heißt, nämlich
ders.	derselbe Autor
ebd.	ebenda
f.	die folgende Seite
ff.	die folgenden Seiten
Hrsg. (Hg.)	Herausgeber
hrsg.v. (hg.v.)	herausgegeben von
m.E.	meines Ermessens
o.J.	ohne Angabe des Erscheinungsjahres
o.O.	ohne Ortsangabe
o.V.	ohne Verfasser
u.a.	und andere, unter anderem
u.v.m.	und viele mehr
vgl.	vergleiche
z.B.	zum Beispiel
z.T.	zum Teil

Aus Gründen der besseren Lesbarkeit wird auf die gleichzeitige Verwendung männlicher und weiblicher Sprachformen verzichtet. Sämtliche Personenbezeichnungen gelten gleichwohl für beiderlei Geschlecht.

1 Einleitung

1.1 Begründung der Themenwahl

Immer wieder hat die Film- und Medienindustrie technologische Weiterentwicklungen erlebt. Zuerst löste das Farb- das Schwarzweiß-Fernsehen ab, dann revolutionierte die VHS-Kassette den Filmkonsum im eigenen Heim und wurde nicht viel später durch die DVD abgelöst. Der nunmehr stattfindenden Digitalisierung in Produktion und Vertrieb wird zum momentanen Zeitpunkt eine ebenso weitreichende Revolutionierung der Medienlandschaft prophezeit.

Die Digitalisierung im Vertrieb steckt gewissermaßen noch in den Kinderschuhen, ist dabei sich zu definieren, den Vertrieb zu revolutionieren und genau an diesem Punkt möchte ich mit dieser Studie ansetzen. Am Beginn einer Entwicklung zu stehen, bedeutet Spannung und Herausforderung zugleich, täglich ändern sich die eben auf den Markt gekommenen Forschungen und Expertenmeinungen. Mit dieser Studie versuche ich zunächst einmal dem Leser einen Überblick über das gesamte Thema zu geben, Zusammenhänge zu erklären und vorgefasste Meinungen kritisch zu hinterfragen, um einen professionellen Umgang, frei von blinder Euphorie oder angsterfüllten Untergangsszenarien, zu gewährleisten.

Die von mir bis dato rezipierten Werke zu diesem Thema verlieren sich meist in theoretischen Abhandlungen, die zwar sicherlich auch eine Daseinsberechtigung haben, für den praktischen Anwender jedoch oftmals nur bedingt hilfreich sind. Meine Motivation ist eher pragmatisch-praktischer Natur, die mit konkreten Beispielen und Lösungsansätzen ein höchst komplexes Thema möglichst benutzerfreundlich und anwendbar aufschlüsseln will.

1.2 Zielsetzung

Ziel des vorliegenden Werkes ist es, auf Basis der Darlegung des bis dato gängigen Filmherstellungs- und Distributionsprozesses, nun den durch die neuen Technologien bedingten Strukturwandel innerhalb dieser Sektoren der Filmindustrie aufzuzeigen sowie seine revolutionären Möglichkeiten und Herausforderungen, genauso aber auch mögliche Risiken kritisch zu beleuchten. Nach derzeitigem Stand begegnet man diesen neuen Entwicklungen zumeist mit überschwänglicher Euphorie, die bisher vor allem auf einem theoretischen Konstrukt beruht: Ob diese Euphorie jedoch tatsächlich angebracht ist und sich die theoretischen Modelle vor allem auch in der Praxis bewähren (werden), soll hier kritisch überprüft werden.

Ein besonders wichtiger Faktor innerhalb dieser Entwicklungen ist der starke Demokratisierungsprozess, den die Filmwirtschaft in den letzten Jahren erlebt hat, und der in erster Linie die Herstellungs- und Vertriebsbedingungen per se verändert hat und weiterhin verändern wird, genauso aber auch immensen Einfluss auf das Nutzungs- und Nutzerverhalten hat und dies in den Folgejahren noch um ein Vielfaches mehr haben wird. Nicht nur am prominentesten Beispiel dieses Demokratisierungsprozesses, nämlich der Plattform YouTube zeigt sich, dass der Content in den nächsten Jahren durch die technologischen Entwicklungen weiterhin massiv zunehmen wird. Dringliche Fragen, die sich dadurch stellen und die im Verlauf der Studie diskutiert werden sollen, sind:

- Wie erreicht der Content das Publikum trotz des massiven Angebots?
- Welche Geschäftsmodelle ergeben sich?
- Welche Auswirkungen haben die Entwicklungen auf die Filmherstellung?
- Welche Filme werden zukünftig hergestellt?
- Kann zukünftig als Independent Producer oder weiterhin als „Big Player" mehr Geld verdient werden?
- Welche Zielgruppe ist überhaupt interessiert?
- Ändert sich das Nutzungsverhalten der Zielgruppen?
- Wie werden die Menschen in Zukunft Content konsumieren? Was werden sie schauen? Wer wird dafür zahlen?

Vorrangig werden in dieser Studie die Auswirkungen auf die Independent-Filmindustrie im Bereich Low Budget-Filme und kleinere Filmproduktionen behandelt, also Filme, deren Budgets nicht von großen Unterhaltungskonzernen zur Verfügung gestellt werden. Gerade dieser Bereich soll laut Studien und Expertenmeinungen von der Digitalisierung in der Distribution als auch in der Produktion am meisten profitieren. Wobei die Auswirkungen, die jene Entwicklungen auf die großen Filmbetriebe haben werden, ebenso analysiert und zum Vergleich herangezogen werden sollen.

In diesem Buch werden nicht die Entwicklungen des „Digital Cinemas" behandelt. Hierbei handelt es sich um den Digitalisierungsprozess der Kinos, die Umstellung der Distributions- und Vorführungstechniken von analog auf digital. Dies ist ein eigenes, sehr komplexes Thema und würde den Rahmen dieser Studie sprengen. Wenn in dieser Studie von Digitaler Content-Distribution gesprochen wird, so handelt es sich ausschließlich um den direkten Vertriebsweg zum Zuseher.

1.3 Arbeitsmaterial und Methodik

Um den äußerst komplexen Bereich der digitalen Distribution erforschen zu können, bedarf es vor allem des Mutes, sich bewusst zu machen, dass heute noch brandaktuelle Studien morgen schon wieder veraltet sein können. Die wohl größte Herausforderung besteht darin, Systematik in ein Thema zu bringen, das vor allem damit zu kämpfen hat, täglich mit neuen Entwicklungen am Markt überschüttet zu werden. Das Gefühl dafür zu bekommen, welche Themen relevant für die Entwicklung der digitalen Distribution sind und vor allem, was diese Entwicklung entscheidend beeinflussen wird, ist dabei zentral. Außerdem soll versucht werden, dem Interessierten die Möglichkeit zu geben, einen Gesamtüberblick über die aktuellen Marktbewegungen zu bekommen, denn bis dato wurden und werden in der einschlägigen Fachliteratur immer nur sehr spezifisch Themengebiete herausgegriffen und abgehandelt. M.E. ist es jedoch von elementarer Bedeutung, sich über die Gesamtzusammenhänge im Klaren zu sein, um so auch mit den Herausforderungen und Risiken der rasanten Entwicklung digitaler Distribution umgehen zu können.

Im Wesentlichen gliedert sich die vorliegende Studie durch diesen Umstand sowohl hinsichtlich des Materials als auch der Methodik in drei große Bereiche:

Im ersten Abschnitt (siehe Kapitel 2) wird zunächst der herkömmliche Herstellungs- und Vertriebsprozess in kompakter Form erläutert und durch bereits publizierte Sekundärliteratur belegt. Wie werden Filme finanziert, produziert und anschließend vertrieben? Hierbei wird ein Schwerpunkt auf das europäische Modell der Filmherstellung gelegt, aber es wird auch mit dem amerikanischen System verglichen. Ebenfalls werden die generellen Marktbewegungen am Filmsektor analysiert, wie z.B. Kinobesuchszahlen, Filmherstellungskosten und die Anzahl produzierter Filme.

Diese Grundkenntnisse sind m.E. elementar, um die Auswirkungen der Digitalisierung auch entsprechend bewerten und einordnen zu können.

Der zweite Abschnitt (siehe Kapitel 3 - 8) erklärt zunächst die Grundlagen der digitalen Distribution. Welche Arten der neuen Vertriebsmöglichkeit gibt es, wie funktionieren sie und wie akzeptiert sind sie bereits am Markt und werden es in Zukunft sein? Außerdem werden die grundsätzlichen Vorteile der digitalen Distribution erörtert. Weitere wichtige Punkte, die hier behandelt werden sollen, sind: rechtliche Herausforderungen, der Begriff der Demokratisierung und seine Auswirkungen auf die Filmindustrie, die Vorstellung diverser aktueller Geschäftsmodelle und die Frage, wie man den Zuschauer in der digitalen Distribution erreichen kann. Was sich dabei deutlich offenbart: Noch nie hat sich der Markt so rasant entwickelt und verändert. Jeden Tag kommen praktisch neue Studien/Analysen und Rezensionen, die sich mit dieser Thematik beschäftigen, auf den Markt/ins Netz und was gestern noch brandaktuell war, ist heute schon wieder veraltet: Der Markt und seine Bedingungen ändern sich permanent.

Im dritten Abschnitt (siehe Kapitel 9 - 10) werden die Auswirkungen des durch die Digitalisierung bedingten Strukturwandels beim Film beleuchtet. Dies geschieht zunächst durch eine Gegenüberstellung der „alten Welt" mit der „neuen Welt", es wird also der klassische Filmherstellungs- und Filmvertriebsprozess den neuen digitalen Möglichkeiten gegenübergestellt und kritisch analysiert. Anhand dieses Verfahrens sollen die dringlichen Fragen geklärt werden: Ist die digitale Distribution tatsächlich die vielzitierte „eierlegende Wollmilchsau"? Wer profitiert tatsächlich davon? Wer am meisten/wenigsten? Was muss man bei der digitalen Distribution beachten, um nicht einer blinden Euphorie zu verfallen?

2 Grundlagen der Filmfinanzierung & Distribution – „Alte Welt"

In diesem Kapitel wird eine kurze Einführung in den herkömmlichen Filmfinanzierungs- und Distributionsprozess gegeben, um in weiterer Folge die Änderungen, die sich durch die digitalen Möglichkeiten ergeben, besser nachvollziehen zu können. Statistiken, Trendanalysen sowie Begriffserklärungen sollen hier dargelegt werden, um eine Sensibilisierung und ein Bewusstsein für den klassischen Filmherstellungs- und Distributionsweg zu schaffen, auf deren Basis es dementsprechend leichter ist, die zukünftigen Entwicklungen zu verstehen und sie, sowie die durch sie gegebenen Möglichkeiten, richtig interpretieren und einordnen zu können.

2.1 Marktübersicht

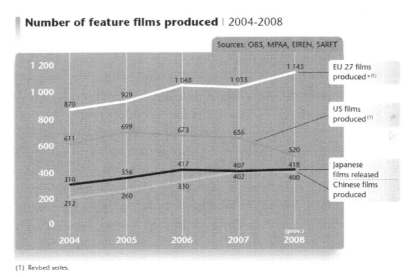

Abbildung 1: Anzahl der produzierten Spielfilme in der EU, den USA und Japan, 2004 - 2008[1]

Abbildung 1 zeigt sehr deutlich, dass die Anzahl der in der Europäischen Union und z.B. auch in Japan auf klassischem Wege hergestellten Filme seit 2004 stetig gestiegen ist, während in den USA seit 2005 ein Rückgang selbiger zu verbuchen ist.

---

[1] Kanzler, Martin (2009): Focus 2009 – World Film Market Trends. Marché du Film, 13

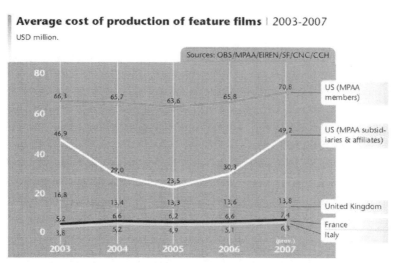

Abbildung 2: Durchschnittsproduktionskosten Spielfilme, 2003 - 2007[2]

Auf Abbildung 2 wird deutlich, dass die Produktionskosten von Spielfilmen seit 2005 in jedem Land, ohne Ausnahme, langsam aber stetig gestiegen sind. Diese Entwicklung steht in krassem Gegensatz zu vielen Berichten, die besagen, dass der reine Filmherstellungsprozess (nicht jedoch die Distribution) durch die Digitalisierung um ein Vielfaches billiger werde.

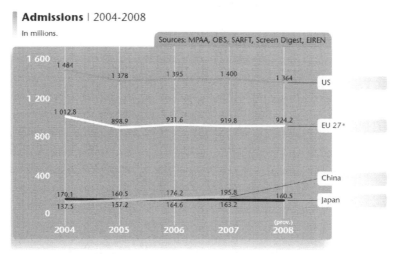

Abbildung 3: Eintritte. 2004 - 2008[3]

---

[2] Kanzler, Martin (2008): Focus 2008 – World Film Market Trends. Marché du Film, 7
[3] Kanzler, Martin (2009): Focus 2009 – World Film Market Trends. Marché du Film, 11

Obwohl Abbildung 1 und Abbildung 2 zeigen, dass immer mehr Filme hergestellt werden und diese immer mehr kosten, verdeutlicht Abbildung 3, dass das nicht zwangsläufig mit mehr Besuchern verbunden ist. Sowohl in den USA als auch in der Europäischen Union sind zwar Rückgänge bei den Besucherzahlen zu verbuchen, jedoch sind diese nicht derart drastisch, wie von vielen Analytikern angenommen, sondern vollziehen sich in einem schleichenden Prozess.

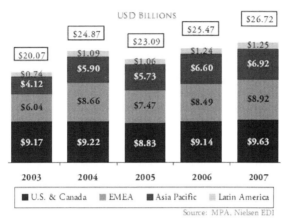

Abbildung 4: Weltweite Kinoeinspielergebnisse 2007[4]

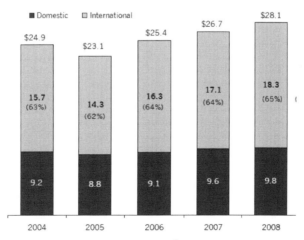

Abbildung 5: Weltweite Kinoeinspielergebnisse 2008[5]

---

[4] O.V. (2007): 2007 International Theatrical Snapshot. MPA, 1
[5] O.V. (2008): 2008 Theatrical Market Statistics. MPAA, 2

15

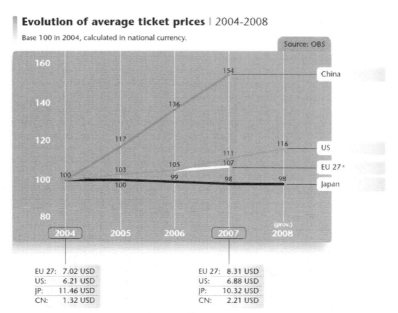

Abbildung 6: Preisentwicklung der Kinokarten[6]

Trotz global rückläufiger Besucherzahlen steigen die weltweiten Kinoeinnahmen. Im Jahr 2008 erreichte die Zahl der US-Erlöse den Rekordwert von 9,8 Milliarden. Was auf den ersten Blick paradox erscheint, ist leicht erklärbar: Die Preise für die Eintrittskarten steigen seit 2004 kontinuierlich an. Dadurch wird - laut Expertenmeinungen - versucht, die fallenden Besucherzahlen u.a. mit leicht angehobenen Kinoeintrittspreisen zu kompensieren.

---

[6] Kanzler, Martin (2009): Focus 2009 – World Film Market Trends. Marché du Film, 11

Land		2004	2005	2006	2007	2008 prov	% Änderung 2008/2007	Quelle
Mitgliedsstaaten der Europäischen Union (EU 27)								
AT*	Österreich	19,4	15,7	17,3	15,7	15,5	-1,3%	FAFO / Österreichisches Filminstitut / OBS
BG	Bulgarien	3,1	2,4	2,4	2,5	2,8	12,1%	National Film Center
CZ	Tschechische Rep.	12,0	9,5	11,5	12,8	12,9	0,4%	Ministry of Culture / UFD
DE	Deutschland	156,7	127,3	136,7	125,4	129,4	3,2%	FFA
DK	Dänemark	12,8	12,2	12,6	12,1	13,2	8,9%	Danish Film Institute
EE	Estland	1,2	1,1	1,6	1,6	1,6	0,2%	Estonian Film Foundation
ES*	Spanien	143,9	127,7	121,7	116,9	108,0	-7,6%	ICAA / OBS
FI	Finnland	6,9	6,1	6,7	6,5	7,0	7,4%	Finnish Film Foundation
FR	Frankreich	195,5	175,5	188,8	177,7	188,8	6,2%	CNC
GB	Vereinigtes Königr.	171,3	164,7	156,6	162,4	164,2	1,1%	Cinema Advertising Association / Nielsen EDI
HU	Ungarn	13,7	12,1	11,7	11,1	10,2	-8,5%	National Film Office
IE	Irland	17,3	16,4	17,9	18,4	18,2	-0,7%	Carlton Screen Advertising / Nielsen EDI
IT*	Italien	116,3	105,6	106,1	116,4	111,6	-4,1%	Centro Studi Cinecittà Holding / Cinetel / OBS
LT	Litauen	1,5	1,2	2,5	3,3	3,3	-1,4%	Baltic Films
LV	Lettland	1,7	1,7	2,1	2,4	2,4	-2,7%	National Film Centre
NL	Niederland	23,0	20,6	23,4	23,1	23,5	1,7%	NFC / NFF / MaccsBox - NVB & NVF
PL	Polen	33,4	23,6	32,0	32,6	33,8	3,4%	boxoffice.pl
PT	Portugal	17,1	15,8	16,4	16,3	15,9	-2,5%	Instituto do Cinema e do Audiovisual
SE	Schweden	16,6	14,6	15,3	14,9	15,2	1,5%	Swedish Film Institute
SK	Slowakei	2,9	2,2	3,4	2,8	3,3	18,2%	Slovak Film Institute
Gesamt EU 27 - geschätzt		**1013**	**899**	**932**	**917**	**920**	**0,3%**	**Europäische Audiovisuelle Informationsstelle**
Andere europäische Staaten								
CH	Schweiz	17,2	15,0	16,4	13,8	14,0	1,5%	Swiss Federal Statistical Office
NO	Norwegen	12,0	11,3	12,0	10,8	11,9	9,7%	Film & Kino
RU	Russische Föd.	67,4	83,6	91,8	106,6	123,9	16,2%	Russian Film Business Today
TR	Türkei	29,7	27,3	34,9	31,2	38,5	23,6%	Sinema Gazetesi

Abbildung 7: Kinobesuche in Europa in Millionen (2004 - 2008 provisorisch)[7]

Die Besucherzahlen in Europa gehen zwar nicht so drastisch zurück, wie befürchtet, nach einer Schätzung der Europäischen Audiovisuellen Informationsstelle ist sogar ein Anstieg von 2007 auf 2008 um 0,3 Prozent festzustellen, dennoch ist gerade in den etablierten Märkten in den letzten Jahren ein langsamer, kontinuierlicher Rückgang festzustellen. Etwas aufpoliert werden die rückläufigen Gesamtzahlen durch die guten Werte aus den sogenannten neuen Märkten wie Russland oder den ehemaligen Ostblock-Gebieten.

---

[7] Kanzler, Martin/Hindhaugh, Alison (2009): Russische Föderation 2008 in den Top 5 Kinomärkten Europas. Europäische Audiovisuelle Informationsstelle, 1

Land		2004	2005	2006	2007	2008 prov	Veränderung in Prozentpunkten	Quelle
Mitgliedsstaaten der Europäischen Union (EU 27)								
AT	Österreich	~	2,7%	2,6%	1,9%	6,0%	4,1%	Österreichisches Filminstitut
BE*	Belgien**	6,3%	5,8%	6,5%	7,5%	10,0%	2,5%	Ministère de la Communaute Francaise
BG	Bulgarien	~	~	~	1,2%	4,8%	3,6%	National Film Center
CZ	Tschechische Republ	23,8%	25,1%	30,1%	35,2%	39,6%	4,4%	Ministry of Culture / UFD / OBS
DE	Deutschland	23,8%	17,1%	25,8%	18,9%	26,6%	7,7%	FFA
DK	Dänemark	23,7%	32,4%	24,8%	27,0%	33,0%	6,0%	Danish Film Institute
EE	Estland	5,4%	5,1%	9,2%	14,3%	7,3%	-7,0%	Estonian Film Foundation
ES*	Spanien	13,4%	16,7%	15,5%	13,4%	14,2%	0,7%	ICAA / OBS
FI	Finnland	17,0%	15,0%	23,9%	20,0%	22,6%	2,6%	Finnish Film Foundation
FR	Frankreich	38,4%	36,6%	44,6%	36,5%	45,7%	9,2%	CNC
GB*	Vereinigtes Königr.	23,4%	33,0%	19,1%	28,5%	31,0%	2,5%	UK Film Council
HU	Ungarn	10,3%	15,4%	18,7%	13,3%	10,2%	-3,1%	National Film Office
IT*	Italien	21,6%	25,7%	25,8%	32,0%	29,3%	-2,7%	Centro Studi Cinecittà Holding / Cinetel
LT	Litauen	2,9%	6,3%	1,1%	2,6%	5,5%	2,9%	Statistics Lithuania / Baltic Films
LV	Lettland	3,7%	1,8%	1,7%	7,4%	6,8%	-0,6%	National Film Center
NL	Niederlande	9,2%	13,2%	11,3%	13,5%	17,8%	4,2%	NFF / MaccsBox - NVB & NVF
PL	Polen	8,7%	3,4%	15,9%	24,7%	25,4%	0,7%	Min. Cult / boxoffice.pl / OBS
PT	Portugal	1,3%	3,2%	2,7%	2,8%	2,5%	-0,3%	Instituto do Cinema e do Audiovisual
SE	Schweden	23,3%	22,6%	18,9%	21,6%	20,0%	-1,6%	Swedish Film Institute
Andere europäische Staaten								
CH	Schweiz	2,5%	5,9%	9,5%	5,1%	3,0%	-2,1%	Swiss Federal Statistical Office
NO	Norwegen	14,9%	14,0%	16,6%	17,2%	22,5%	5,3%	Norwegian Film Institute / Film & Kino
RU	Russische Föd	12,1%	29,7%	25,7%	26,3%	25,5%	-0,8%	Russian Film Business Today
TR	Türkei	38,4%	41,8%	51,8%	38,0%	59,2%	21,2%	Sinema Gazetesi

* Schätzungen.

Abbildung 8: Marktanteile nationaler Filme auf europäischen Märkten in Prozent (2004 – 2008 provisorisch)[8]

In den letzten Jahren lässt sich zudem eine vermehrte Nachfrage nach nationalen Filmen auf den europäischen Märkten feststellen (siehe Abbildung 7). So erhöhte sich zwischen 2004 und 2008 in jedem der untersuchten Länder, bis auf Ungarn und Schweden, der Marktanteil nach Besucherzahlen heimischer Filme am Gesamtfilmmarkt.

---

[8] Kanzler, Martin/Hindhaugh, Alison (2009): Russische Föderation 2008 in den Top 5 Kinomärkten Europas. Europäische Audiovisuelle Informationsstelle, 2

	2004		2005		2006		2007	
	Besuche in 1.000	Anteile in Prozent	Besuche in 1.000	Anteile in Prozent	Besuche in 1.000	Anteile in Prozent	Besuche in 1.000	Anteile in Prozent
Kinobesuche Gesamt	19.071		15.536		16.715		14.882	
Geschlecht								
Männer	9.860	52	8.141	52	8.401	50	8.022	54
Frauen	9.211	48	7.395	48	8.314	50	6.861	46
Alter								
14 - 19 Jahre	4.653	24	3.900	25	4.048	24	3.616	24
20 - 29 Jahre	5.931	31	5.611	36	5.246	31	4.775	32
30 - 39 Jahre	4.119	22	3.028	19	3.052	18	2.548	17
40 - 49 Jahre	2.430	13	1.787	12	2.652	16	2.277	15
50 - 59 Jahre	1.364	7	858	6	1.026	6	1.094	7
60 - 69 Jahre	399	2	264	2	580	3	357	2
70 oder älter	175	1	88	1	111	1	216	1
Durchschnittsalter	31		30		31		32	

Abbildung 9: Kinobesucher nach Alter und Geschlecht in Österreich[9]

Abbildung 9 zeigt, dass in Österreich die Kinobesuche bezogen auf die Gesamtwerte bei den 14- bis 39-Jährigen gleichgeblieben bzw. leicht zurückgegangen sind, bei der Zielgruppe ab 40 die Werte aber teilweise sogar gestiegen sind. Wohin speziell die jüngeren Zielgruppen abwandern, wird ausführlich in Kapitel 4 behandelt.

2.2 Independent- vs. Filmstudio-Modell, Unterschiede Europa und Amerika

Bei der herkömmlichen professionellen Filmherstellung wird grundsätzlich zwischen zwei verschiedenen Modellen unterschieden:

- Das Modell der Filmstudios
- Das Modell der unabhängigen (Independent) Filmhersteller

Das vorwiegend in den USA anzutreffende Studiomodell zeichnet sich vor allem durch einen „Full Service"-Charakter aus: Große US-amerikanische Unterhaltungskonzerne mit Sitz in Los Angeles/Hollywood wie z.B. Time Warner, 20th Century Fox, Paramount, Warner Bros., Disney oder Universal verfügen über genügend Kapital,

---

[9] Teichmann, Roland (2008): Filmwirtschaftsbericht 2008 – facts+figures 2007. Filminstitut Austria, 25

um Filmprojekte eigenfinanzieren[10], produzieren und kontrollieren zu können. Studios oder auch sogenannte „Majors" verfügen außerdem über eigene weltweite Vertriebs- und Vermarktungsstrukturen.

Hohe Investitionen der Studios ermöglichen weitaus höhere Film- und Vermarktungsbudgets als dies bei Independent-Filmen der Fall ist, was als Grund des jahrzehntelangen hohen Gesamtmarktanteils an Studio-Filmen im Kino zu sehen ist. Ein weiterer Vorteil für die amerikanische Filmindustrie ist der große heimische Markt mit Englisch als universell verständliche Sprache. Außerdem ist es durch eben jenen großen heimischen Markt oftmals möglich, die Kosten der US-Filme bereits in den USA selbst einzuspielen, wodurch die Filme mit weiterem Marketingaufwand relativ leicht in der restlichen Welt vertrieben werden können. In den letzten Jahren hat die Bedeutung des Auslandsmarktes für die US-Studios deutlich zugelegt, die Auslandseinnahmen überschreiten immer öfter die 50-Prozent-Marke. Die 175-Millionen-Dollar-Produktion „Waterworld" spielte z.B. in den USA nur 88 Millionen Dollar ein: Ein finanzielles Desaster wurde von allen Medien prognostiziert. Durch das überraschende Einspielergebnis aus dem Rest der Welt von 176 Millionen Dollar, satte 66 Prozent der Gesamteinnahmen, konnte am Ende ein Ergebnis von 264 Millionen Dollar erreicht werden und damit ein zufriedenstellender Gewinn.[11]

Während Blockbuster meist auf kommerziell vermarktbare Themen und Stars setzen, um die hohen Investments zurückzubekommen und Gewinne zu erzielen, suchen Independent-Filme ihren Erfolg in Nischen, indem sie auf speziellere Erzählweisen, Themen oder Genres setzen. Als „Independent Film" wurden ursprünglich Filme, die außerhalb der US-Studiostrukturen und damit unabhängig davon hergestellt wurden, definiert. Mittlerweile werden mit „Independent Film" aber im Allgemeinen Filme bezeichnet, die mit wenig(er) Geld hergestellt worden sind, unabhängig davon, in welchem Land sie produziert wurden.

Die Dehnbarkeit des Begriffes „Independent" lässt sich jedoch gut anhand folgender – bezeichnender – Situation feststellen: Erfolgreiche Independent-Filme schmücken

---

[10] Anm. d. Verfass.: Die Finanzierung des Gesamtkonzerns kann jedoch sehr wohl fremdfinanziert sein.
[11] o.V. (kein Datum): Waterworld (1995). In: http://boxofficemojo.com/movies/?id=waterworld.htm (Stand: 01. 06. 2009)

sich zwar gerne mit Stempel „independent" zu sein, wirft man jedoch einen Blick hinter die Fassade, steht hinter vielen (vor allem US-) Independent-Filmen sehr wohl wieder ein großes Studio, womit der Begriff „independent" gewissermaßen ad absurdum geführt wird. Die aktuelle Entwicklung am Kinomarkt hat jedoch dazu geführt, dass die Studios ihre Independent-Produktionen auf Grund des oftmals ausbleibenden finanziellen Erfolgs nicht selten wieder zurückgefahren bzw. komplett eingestellt haben.

In Europa sind vereinzelt studiosystem-ähnliche Strukturen zu finden, prominente Beispiele dafür sind z.B. Bavaria, Constantin Film, Pathé, EuropaCorp, Gaumont u.v.m. Diese haben aber bei weitem nicht die Größe wie ihre US-Pendants. Die überwiegende Mehrheit der in Europa hergestellten Filme entspricht prinzipiell dem Independent-Charakter. Kennzeichnend für den europäischen Film ist die Unterstützung der Projekte durch verschiedenste nationale, regionale und länderübergreifende Förderungen. Motivation ist einerseits die kulturelle Vielfalt der einzelnen Länder zu fördern, andererseits den europäischen Film gegenüber der seit Jahrzehnten durch das Studiosystem etablierten US-Filmbranche zu stärken.

Durch das System der Förderungen und die Struktur der Filmfinanzierung in Europa ist ein Film in der Regel bereits zum Drehstart voll durchfinanziert. Bei ausbleibendem kommerziellem Erfolg hält sich der Schaden für den Produzenten in Grenzen, da der Großteil der öffentlichen Gelder bedingte oder nicht rückzahlbare Barmittelzuschüsse sind. Bei Studio-Produktionen ist naturgemäß das Risiko größer, da zuerst die Investition verdient werden muss, bevor Gewinne ausgeschüttet werden können.

Die kulturelle Film- und Sprachvielfalt, die sich durch die vielen Länder in Europa ergibt, ist einerseits ein Gewinn für die Filmkultur, andererseits erschwert sie den Vertrieb innerhalb Europas. Durch kulturelle und sprachliche Unterschiede sind viele Filme oftmals nur im eigenen Land erfolgreich und reüssieren im europäischen und restlichen Ausland kaum. Auch wenn es einzelne Initiativen gibt, z.B. länderübergreifende Förderungen der Europäischen Union wie MEDIA[12] oder Eurimage, die die kulturelle Vielfalt stärken sollen und den Vertrieb innerhalb Europas fördern und

---

[12] Mesures pour Encourager le Développement de l´Industrie Audiovisuelle = Maßnahmen zur Förderung der Entwicklung der audiovisuellen Wirtschaftsbranche

erleichtern sollen, bleibt das Grundproblem der kulturellen und sprachlichen Barriere bestehen.

2.3 Definition Low & High Budget

Es gibt keine genauen Standards, aus denen sich erschließen lässt, welcher Film den Begriffen „Low-" oder „High Budget" zuzuordnen ist. Ein High Budget-Film in Europa kann in den USA schon zu den Low Budget-Produktionen zählen: Beste Beispiele dafür sind die 2009 für den Auslandsoscar nominierten Filme „Revanche" und „Der Baader-Meinhof-Komplex"; während „Revanche" mit einem Budget von zwei Millionen Euro[13] als Low-Budget, sowohl in Europa als auch in Amerika, gilt, zählt hingegen sein Gegenspieler mit über 13,5 Millionen Euro[14] in Europa zwar zu den High Budget-Filmen, würde in den USA jedoch als Low Budget-Produktion eingestuft werden.

Auch europäische Filmförderungen setzen die Begriffe unterschiedlich fest. Die Irische Filmförderung z.B. definiert in ihren Förderregularien Low Budget-Filme als Produktionen, die unter vier Millionen Euro bleiben.[15] Die Ambivalenz, was als High- oder Low Budget deklariert wird, ist also durchaus variabel zu betrachten. Die unterschiedlichen Definitionen machen vielmehr den Eindruck, dass die Begriffe „Low-" bzw. „High Budget" relativ zu den üblichen Herstellungskosten im jeweiligen Land zu sehen sind. Auch das Genre kann dabei eine wesentliche Rolle spielen. Eine Komödie mit 10 Millionen Euro Budget wird eher als High Budget-Produktion angesehen als ein Action Film, dem genauso viel Geld zur Verfügung steht.

2.4 Finanzierung

Es gibt keine Regel oder Formel, wie Filmbudgets aufgestellt werden. Jeder Film ist ein eigenes Produkt und kann unterschiedliche Finanzierungsformen aufweisen. Das kann von vielen verschiedenen Faktoren abhängen: Drehbuch, Handlungsort, Zielgruppe u.v.m. Wie ein Film finanziert wird, hängt ganz wesentlich von Risiko,

---

[13] Heinrich, Luigi (2009.01.23.): Es ist alles nützlich, was passiert. In: http://www.kleinezeitung.at/nachrichten/kultur/1741008/index.do (Stand: 21.03.2009)
[14] Kirschbaum, Erik (2008.09.29.): „Baader" fails to match „Downfall". In http://www.variety.com/article/VR1117993061.html?categoryid=19&cs=1&nid=3078 (Stand: 11.12.2008)
[15] o.V. (kein Datum): Funding Programmes Regulations & Limits, In: http://www.irishfilmboard.ie/funding_programmes/Regulations__Limits/40 (Stand: 20.01.2009)

Rechten und Autonomie ab. Finanziert ein Filmemacher seinen Film zur Gänze selbst, trägt er auch das alleinige Risiko und behält alle Entscheidungsbefugnisse und Verwertungsrechte. Mindert er sein Risiko, indem er Fremdfinanzierungen (Förderungen, Banken usw.) annimmt, bindet er sich an Verträge und verliert seine Eigenständigkeit, ein typischer Independent-Film.

Während bei Independent-Filmen der Produzent mit seinem Team trotz Fremdfinanzierung in der Regel die federführende kreative Kraft bleibt, tauscht der Produzent eines von Studio- oder TV-Sender finanzierten Films das finanzielle Risiko gegen Mitspracherecht und Gewinnbeteiligung ein: eine sogenannte Auftragsproduktion. Der Produzent erhält vom Auftraggeber 100 Prozent des zur Herstellung notwendigen Budgets direkt. Zu den auf Abbildung 2 angeführten 70,8 Millionen US-Dollar Filmproduktionskosten (negative costs) müssen natürlich noch die Marketingkosten hinzugerechnet werden. Bei den US-Majors waren das im Jahre 2007 im Durchschnitt 35,9 Millionen Dollar. Die US-Blockbuster erreichten somit 2007 einen Rekordwert bei den durchschnittlichen Gesamtkosten von 106,7 Millionen Dollar.[16] In Europa sind die Marketingkosten gegenüber den amerikanischen vernichtend klein, da hier Filme zum größten Teil durch Förderungen aus öffentlicher Hand und nur zum kleineren Teil durch Vorverkäufe an Vertriebe und Fernsehsender finanziert werden. In diesem Kapitel werden kurz die bis dato wichtigsten Finanzierungsmöglichkeiten erläutert, wobei dieses Kapitel nur den Anspruch erhebt, einen schnellen und vereinfachten Überblick über das Thema zu geben, um so die Orientierung zu erleichtern und die neue Entwicklung der Digitalisierung auch im Gesamtkontext positionieren zu können.

2.4.1 Förderungen

Filmförderungen haben sich in Europa zum wichtigsten Finanzierungsinstrument entwickelt, sogar die größten Produktionsfirmen wollen oder können es sich nicht leisten, auf Leistungen aus Fördertöpfen zu verzichten. Förderungen können in Form von Barmittelzuschüssen oder Darlehen gegeben werden. Das kann von der Drehbuchentwicklung über den Dreh bis hin zur Verbreitung und Verwertung des Films erfolgen. In Europa existieren drei territorial unterschiedliche Fördersysteme:

---

[16] o.V. (2007): Theatrical Market Statistics 2007. MPAA, 6

- Nationale Förderungen (z.B.: Österreichisches Filminstitut (ÖFI), Deutsche Filmförderungsanstalt (FFA), Centre National de la Cinématographie (CNC), UK Film Council)
- Regionale Förderungen (z.B. Filmfonds Wien, Medienboard Berlin-Brandenburg)
- Überregionale Förderungen (z.B. Eurimage, MEDIA plus)

Ziel der Filmförderung ist einerseits die Förderung der Filmherstellung, Verbreitung und Vermarktung, andererseits auch den Filmstandort und die Filmwirtschaft im Land oder in der Region zu unterstützen. So will der regional tätige Filmfonds Wien speziell Aktivitäten und Geschichten in und um Wien stärken, eine überregionale Förderung wie MEDIA plus setzt hingegen eher auf europäische Schwerpunkte.

Während einzelne Projektförderungen durch Jurybeschlüsse vergeben werden, werden sogenannte „Referenzmittel" automatisch vergeben. Erreicht ein Film eine bestimmte Anzahl an Besuchern oder erlangt er Erfolge bei Filmfestivals, erhält der Produzent bei seinem nächsten Projekt eine automatische Förderung, ohne dass eine Jury dieses Projekt inhaltlich prüft.

2.4.2 TV

Fernsehsender sind für die Film- und Fernsehbranche sehr wichtige Partner. Von den 2,5 Milliarden Euro Gesamtvolumen der deutschen Film- und Fernsehbranche bringen die TV-Sender rund 2,2 Milliarden auf.[17] In Österreich lag der Jahresproduktionswert der Filmproduktionen im Jahr 2007 bei rund 135 Mio. Euro, wovon 93 Millionen aus dem ORF-Vergabevolumen resultierten[18]. Der Großteil der TV-Gelder fließt allerdings in Auftragsproduktionen, die für eine reine TV-Auswertung verwendet werden. Dennoch sind die Investments der TV-Sender für die Filmlandschaft eine wichtige Säule.

Kommt es bei einer Kinofilmproduktion zu einer Koproduktion mit einem TV-Sender oder einem Pay-TV-Sender, erwirbt dieser vorzeitig das Recht der TV-Ausstrahlung. Wurde der Film von Förderstellen unterstützt, ist eine TV- oder Pay-TV-Auswertung

---

[17] Jacobshagen, Patrick (2002): Filmrecht im Kino und TV-Geschäft, 94
[18] Teichmann, Roland (2008): Filmwirtschaftsbericht 2008 – facts+figures 2007. Filminstitut Austria, 25

erst nach bestimmten Fristen möglich (siehe Kapitel 2.5.2 Verwertungsfenster). In der Regel muss ein Free-TV-Sender 24 Monate warten, ehe er einen mitfinanzierten Film ausstrahlen kann.

In Österreich ist die Beteiligung des ORF am österreichischen Film durch das Film/Fernsehabkommen, eine Vereinbarung zwischen dem ORF und dem Österreichischen Filminstitut, geregelt. Dabei verpflichtet sich der ORF jährlich rund 6 Millionen Euro in die Herstellung von österreichischen Filmen zu investieren. Im Gegenzug erhält der ORF das Erstausstrahlungsrecht für sieben Jahre. Mit dieser freiwilligen Vereinbarung kam der ORF einer gesetzlichen Verpflichtung zuvor, in österreichische Filme investieren zu müssen. Wäre dieses freiwillige Abkommen nicht geschlossen worden, ist anzunehmen, dass es per gesetzliche Verpflichtung geltend gemacht worden wäre.

Ein Trend ist allerdings weltweit – sowie aus österreichischer Sicht am ORF - zu beobachten: Die Vergabevolumina der TV-Sender an die Filmwirtschaft gehen zurück. Das hat einerseits mit dem weltweiten Zuseherschwund, gerade in der jungen Zielgruppe (siehe Kapitel 4.2), als auch mit jährlich sinkenden TV-Werbeeinnahmen (siehe Kapitel 9.2) zu tun.

Auch Österreichs öffentlich-rechtlicher Sender ORF hat trotz Rundfunkgebühr und Werbeeinnahmen seit Jahren Budgetprobleme. Gekürzt wird offensichtlich trotz öffentlichen Auftrags zuerst am Kulturprogramm:

> „Der Anteil der Fiktion, insbesondere des Films, sinkt im ORF weiter. Das diesbezügliche Vergabevolumen ist 2007 im Vergleich zum Vorjahr um 42% gesunken."[19]

Im Dezember 2008 hat der ORF die Weiterführung des Film/Fernsehabkommens in Frage gestellt. Endgültige Beschlüsse sind in dieser Causa bis dato jedoch noch nicht erfolgt. Eines ist jedoch schon jetzt klar: Ein Rückgang der Investitionen in den Film seitens der TV-Sender bedeutet eine enorme Schwächung der unabhängigen Filmlandschaft.

---

[19] Teichmann, Roland (2008): Filmwirtschaftsbericht 2008 – facts+figures 2007. Filminstitut Austria, 13

2.4.3 Vorverkäufe – Weltvertrieb, Verleih

Ein wesentlicher Bestandteil der Filmfinanzierung sind sogenannte Vorverkäufe an Weltvertriebe und in weiterer Folge an Verleiher. Der Produzent überträgt dem Weltvertrieb Werknutzungsrechte an dem Film, mit dem Ziel, dass dieser jene möglichst gewinnbringend am weltweiten Markt verkauft. Sieht ein Weltvertrieb kommerzielles Potential für den Film, leistet er eine sogenannte Minimum Garantie (MG)-Zahlung an den Produzenten. Er garantiert dem Produzenten also einen Mindesterlös an Lizenzverkäufen und zahlt ihm diesen vorab als Barmittelzuschuss aus. Der Produzent kann dieses Geld sofort in die Filmproduktion investieren. Oft werden Filme von Weltvertrieben jedoch erst nach Filmfertigstellung in den Katalog aufgenommen, eine MG-Zahlung bleibt damit aus.

Ein Weltvertrieb verhandelt mit Filmverleihern aus verschiedenen Ländern, die wiederum national agieren, und kann mit ihnen in der Regel autonom Verhandlungen führen. Absprachen mit dem Produzenten können, müssen aber nicht stattfinden. Weltvertriebe können nicht nur eine wichtige Rolle in der Filmfinanzierung spielen. Durch ihre vielen Kontakte können sie z.B. bei internationalen Koproduktionen bei der Wahl der Produktionsfirma im Ausland helfen oder sie erarbeiten eine globale Strategie für den weltweiten Verkauf. Wo und wann wird der Film anlaufen, welches Festival ist dafür geeignet, welcher Film ist bei welchem Verleih am besten positioniert? Oftmals wird ein Weltvertrieb auch rein wegen seines guten Netzwerkes engagiert, nicht primär aus budgetären Gründen. Weltvertriebe verdienen ihr Geld durch prozentuelle Anteile an den Gesamtlizenzverkäufen nach den sogenannten Vertriebsvorkosten. Je nachdem mit welcher Summe (MG) der Weltvertrieb in einen Film vorab investiert hat, erhöht oder vermindert sich der prozentuelle Anteil der Lizenzeinnahmen. Vertriebsvorkosten beinhalten zum Beispiel Promotion-Ausgaben auf internationalen Filmmärkten wie dem American Film Market (AFM), dem Marché du Film in Cannes oder dem European Filmmarket (EFM) in Berlin, sämtliche Kosten für die internationale Verwertbarkeit des Produkts, Kosten in Zusammenhang mit dem Abschluss und den Verhandlungen von Lizenzverträgen u.v.m.

Oftmals wird Weltvertrieben von Produzenten vorgeworfen, die Vertriebsvorkosten bewusst recht hoch zu halten, um den eigenen Gewinn zu maximieren. Denn je höher die Vertriebsvorkosten sind, desto geringer ist der Anteil an einer möglichen

Gewinnbeteiligung durch den Produzenten. Gerade bei Independent-Projekten kommt es häufig vor, dass Produzenten mit nationalen Verleihern direkt Verträge aushandeln. Je kleiner der Filmmarkt, desto geringer sind die Aussichten auf einen Vorverkauf an einen Verleih.

2.4.4 Steuermodelle

In vielen Ländern haben sich in den letzten Jahren Steuerbegünstigungsmodelle etabliert, deren Absicht es ist, Filmproduktionen zu motivieren im eigenen Land zu drehen. Dabei kann das Land rein als Filmkulisse und Location dienen, oder aber auch als Produktionsstätte. Von diesem Modell erhofft man sich einerseits einen Werbeeffekt für das Land, andererseits einen Wissenstransfer und Beschäftigung im eigenen Land.

Vor allem in Europa wurden in den letzten Jahren viele dieser Modelle eingeführt, was zu einem regelrechten Boom von Hollywoodproduktionen innerhalb Europas geführt hat. Die Kombination aus Motiven, Steuerbegünstigungen und gut ausgebildeten Arbeitskräften ließen US-Blockbuster wie „Hellboy 2", „From Hell", „The Bourne Identity", „Mission Impossible 3" in Europa entstehen.

In Deutschland können über das Rabattmodell DFFF bis zu 20 Prozent der im Land ausgegebenen Kosten an die Produktion rückerstattet werden. Diese wirtschaftliche Filmförderung gilt in Deutschland mittlerweile als wichtiges Standbein der Filmfinanzierung und hat aufgrund der Umwegrentabilität rund das Sechsfache an Investitionen ausgelöst. In Österreich wurde diese Art der Filmförderung lange Zeit von Politikern ignoriert, Anfang Juni wurde jedoch von Regierungsvertretern eine solche auch für Österreich angekündigt.

Weitere Beispiele aus Frankreich:

Sofica:

> Die SOFICA speisen sich aus privatwirtschaftlichen Investitionsgeldern, die den Investoren, die juristische oder natürliche Personen sein können, Steuervergünstigungen eröffnen. Die SOFICA sind verpflichtet, 90% ihrer Erträge in Film- und Fernsehproduktionen zu investieren.

Jede SOFICA ist berechtigt, 20% ihres Geldes in fremdsprachige Filmproduktionen zu investieren, vorausgesetzt, es handelt sich um die Sprache eines der Koproduzenten.[20]

Crédit d'impôt (Steuerguthaben):

Produktionsfirmen, die der Unternehmenssteuer unterliegen, können auf französischem Boden getätigte Ausgaben steuerlich begünstigt geltend machen. Dabei entspricht die Steuerermäßigung 20% des Gesamtbetrages diverser Etatposten (Autorenhonorare, Schauspielerhonorare, Gehälter des technischen Stabs, technische Ausgaben), die in Frankreich ausgegeben wurden und anschließend von der Steuerlast abgezogen werden.[21]

2.4.5 Koproduktion

Bei Koproduktionen arbeiten zwei oder mehrere Filmproduktionsfirmen für die Dauer einer Filmproduktion zusammen. Die Gründe für eine Koproduktion können wirtschaftlicher, inhaltlicher oder geografischer Natur sein. So ermöglicht eine Koproduktion höhere Budgets, da verschiedene internationale Förderbudgets und Finanzierungsformen abgerufen werden können. Eine internationale Koproduktion erleichtert außerdem den Zugang zu ausländischen Märkten und vermindert das Risiko gegenüber einer alleinigen Produktion.

Bei Koproduktionen wird zwischen Majoritär- und Minoritärproduzenten unterschieden: Je nachdem, welcher Partner mehr finanzielle Mittel in das Projekt einbringt. Die Art und Höhe der Beteiligung entscheidet auch über die Anteile an der Verwertung und den Erlösen. Gerade in Ländern mit kleinen Märkten werden häufig internationale Koproduktionen hergestellt, um das Budget steigern zu können. Bilaterale Filmabkommen erleichtern die Koproduktion zwischen einzelnen Ländern.

Bei Kofinanzierungen kommt es zu einem rein finanziellen Engagement des Partners. Der Kofinancier ist nicht Mithersteller und bringt sich im Gegensatz zur Koproduktion nicht kreativ in das Projekt ein, sondern „erkauft" sich einen Erlösanspruch.

---

[20] Gerstner, Lou (2007): Das französische Filmfinanzierungssystem - Ressourcen und Mittelverwendung, 12
[21] Gerstner, Lou (2007): Das französische Filmfinanzierungssystem - Ressourcen und Mittelverwendung, 14

2.4.6 Weitere Finanzierungsformen

- Rückstellung

Eine Rückstellung ist ein bedingter Verzicht auf Auszahlung des Gehalts von wichtigen Teammitgliedern aus der Produktion, wie z.B. Darsteller oder Regisseur. Die Auszahlung der Löhne wird so lange zurückgestellt, bis der Film seine Kosten eingespielt hat. Eine Rückstellung stellt somit nicht zusätzliche Finanzmittel zur Verfügung, vielmehr reduziert sie die Projektkosten und verlagert das Risiko auf Teammitglieder.

- Gap Financing

Über Banken oder spezielle Förderungen werden Finanzierungslücken durch Gap Financing geschlossen. Dabei muss der Großteil des Films bereits finanziert sein. Oftmals erhalten Gap-Financiers für einen relativ geringen finanziellen Beitrag sehr günstige Konditionen wie z.B. eine hohe Rangfolge im Recoupmentplan.

- Product Placement

Gegen Entgelt werden gezielt Markenprodukte im Film eingebracht. Die Artikel können, müssen aber nicht in die Handlung involviert sein. Product Placements kommen vor allem bei US-Produktionen vor, Beispiele sind BMW mit James Bond oder „Manner" in „Terminator 3". In Europa ist Product Placement oft nicht möglich, da durch Koproduktionen mit TV-Sendern gegen die Regelungen der Schleichwerbung verstoßen werden würde.

- Sale- & Lease Back-Verfahren
- Banken, Fonds

2.5 Distribution

2.5.1 Verwertung und Erlöse

Die Verwertung eines Films beschreibt alle Erlöse, die durch die Veräußerung von Nutzungsrechten möglich sind. Diese Übertragung der sogenannten Werknutzungsrechte kann ausschließlich (alleinig) oder nicht ausschließlich (mehrfach) erfolgen. Die Werknutzungsrechte können dabei zeitlich, räumlich (bestimmte Territorien) und inhaltlich (Nutzungsart und Zweck) beschränkt werden.

Damit durch Verwertung eines Films der bestmögliche Ertrag erwirtschaftet werden kann, hat sich folgende Abfolge in der Verwertungskette etabliert:

(Festival Premiere) --> Kino --> Leih-DVD --> Kauf-DVD --> VOD/Pay-Per-View --> Pay-TV --> Free-TV

2.5.1.1 Kino

Im Kino funktioniert die Rechteübertragung und Verwertung zumeist nach folgendem Schema: Die Auswertungsrechte an einem Kinofilm werden vom Produzenten oder Vertrieb an national tätige Filmverleihe entweder durch einen Vorverkauf oder durch Rechteerwerb nach Filmherstellung abgetreten. Der Filmverleih erstellt die nationale Marketingkampagne und verleiht den Film an das Kino. Das Budget für die Anzahl der Kopien und die Höhe des Marketingetats (Prints & Adverts[22]) wird nach den geschätzten Aussichten auf kommerziellen Erfolg kalkuliert. Dabei zeichnet sich speziell in den letzten Jahren ein starker Trend ab: Weil immer mehr Filme zeitgleich im Kino sind und die Konkurrenzsituation dadurch angespannter ist, ist die Halbwertszeit des Kinofilms um ein Vielfaches kürzer als früher. Aufgrund dieser Situation erhöhen die großen Filmverleihe mehr und mehr die Anzahl der Kopien zum Kinostart des jeweiligen Films, um bereits in den ersten Tagen und Wochen einen maximalen Gewinn zu erwirtschaften. Die Aufwendungen für die Bewerbung und das Marketing des Films sind vor dessen Start naturgemäß am höchsten und die großen Filmverleihe versuchen dies optimal für sich und das Produkt auszunützen.

> Entscheidend für den Erfolg eines Films im Kino sind folgende Faktoren: die filmische Qualität, das Genre, der Werbeaufwand und der Erfolg am ersten Wochenende. Je mehr Kopien im Einsatz sind, desto höher die Erfolgschancen. Den Entwicklungen der vergangenen Jahre zufolge hat sich der Kopienschnitt großer Filme stark erhöht. „Piraten der Karibik 3" lief 2007 zum Beispiel mit 176 Kopien. Das heißt nahezu jeder dritte Kinosaal in Österreich war mit diesem Film besetzt und damit für den Einsatz eines anderen Films blockiert. Der Wettbewerb bei Kinostarts hat sich damit massiv erhöht.
>
> Das heißt aber auch, dass ein Film bereits nach zwei Wochen vom nächsten Kinostart verdrängt werden kann, sofern die Besuchererwartungen nicht erfüllt werden. Für Filme, die am Startwochenende nicht überzeugen, erhöht sich die Wahrscheinlichkeit, bald aus dem Programm genommen zu werden.[23]

---

[22] Prints & Adverts (P&As) sind Kosten für Kinokopien und Werbung. Eine Kinokopie kostet im Durchschnitt 1000 Dollar.
[23] Teichmann, Roland (2008): Filmwirtschaftsbericht 2008 – facts+figures 2007. Filminstitut Austria, 22

Auch in Österreich werden immer mehr Filme produziert und im Kino vertrieben. Im Jahr 2007 wurden 352 nationale und internationale Filme erstaufgeführt, 2006 waren es noch 334 Filme. Ob dieser Trend jedoch förderlich ist, kann bei weniger als zwei Kinobesuchen des Österreichers pro Jahr[24] wohl stark bezweifelt werden.

Es gibt verschiedenste Abrechnungsmodelle, wie zwischen Kino, Vertrieb, Weltvertrieb (sofern es einen gibt) und dem Produzenten abgerechnet wird. In einem vereinfachten Beispiel werden das Modell der 50/50 Cost-of-the-Top (COT)-Gewinnteilung und das Modell des fixen Leistungsentgelts (Net Deal) an den Verleih mit einem Kinokartenerlös von einer Million Dollar einander gegenübergestellt; im zweiten Beispiel passiert genau dasselbe mit einem Kartenerlös von zwei Millionen Dollar.

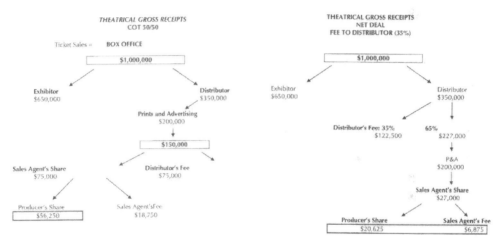

Abbildung 10: Gegenüberstellung COT – Net Deal, Beispiel 1[25]

COT: 35% der Kinokartenerlöse gehen an den Verleih, von diesen 350.000 zieht der Verleih die sogenannten P&As ab, wodurch 150.000 Gewinn für den Verleih übrigbleiben. Diese 150.000 Dollar teilen sich der Weltvertrieb und der Verleih. Der Weltvertrieb wiederum überweist dem Produzenten abzüglich seines Anteils, der für jeden Film immer neu verhandelt wird, 56.250 Dollar.

---

[24] Kinoeintritte im Jahr 2007: 14,9 Millionen. Annahme: Acht Millionen Einwohner in Österreich.
[25] Dally, Peter (2008): Skriptum Legal Day Atelier/Masterclass 2008. Bird&Bird, 52-53

Net Deal: Der wesentliche Unterschied zum COT ist, dass der Lizenzgeber die Kosten für P&As aus seinem Anteil übernimmt.

Der Produzentenanteil ist somit bei der COT-Regelung höher, das zweite Beispiel zeigt aber, dass sich der Wert zu Gunsten des Net Deals drehen kann.

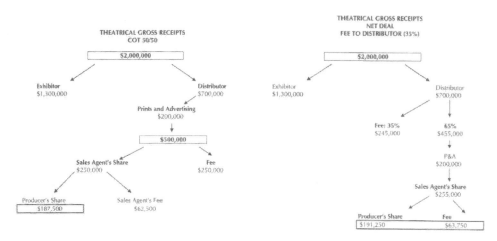

Abbildung 11: Gegenüberstellung COT – Net Deal, Beispiel 2[26]

2.5.1.2 DVD - Blue-ray - Flash

Die DVD-Verwertung wurde in den letzten Jahren zu einer immer wichtigeren Erlösquelle für Filmemacher. Als Nachfolger der VHS kann die DVD vor allem durch ihre gute Qualität punkten. Außerdem gibt es nach anfänglichen Formatdifferenzen (DVD + und -) nun eine sehr große Auswahl an Filmen auf diesem Trägerformat.

War früher das Kino die wichtigste Einnahmequelle für den Produzenten, so hat diese Rolle heutzutage nicht selten die DVD übernommen. Dies liegt nicht zuletzt an der guten technischen Ausstattung in Privathaushalten, vermehrt wurden in den letzten Jahren sogenannte Heimkinosysteme in Eigenheimen angeschafft. Der erschwingliche Preis, die sehr gute Qualität und die große Auswahl an DVD-Titeln und mehr und mehr auch des DVD-Nachfolgers Blu-ray verhalfen diesen Bildträgern zum Erfolg. Gerade Genrefilme oder Filme mit einer großen Fanbasis erwirtschaften oft viel mehr Umsatz durch DVD-Verkäufe als durch das Kino. Mitunter wird teilweise

---

[26] Dally, Peter (2008): Skriptum Legal Day Atelier/Masterclass 2008. Bird&Bird, 54-55

auch gänzlich auf das Kino verzichtet und auf die Direkt-DVD-Veröffentlichungen gesetzt.

Der Nachfolger der DVD, die Blu-ray-Disc, hat von Anfang an mit Schwierigkeiten zu kämpfen. Wie bei der DVD konnten sich die Hersteller nicht auf einen Standard einigen: Blu-ray oder HD-DVD. So wurden beide Formate vertrieben, der Kunde musste sich entscheiden. Kaufte man einen Blu-ray-Film, konnte man diesen mit einem HD-DVD Player nicht abspielen oder vice versa.

Die DVD konnte nach ihrer Einführung problemlos mit einem DVD-Player an einem normalen TV-Gerät genutzt werden, währenddessen bei einer Blu-ray-Disc zumindest ein HD-ready oder besser ein Full-HD TV-Gerät angeschafft werden muss, um die volle HD-Qualität erreichen zu können. Für viele Konsumenten eine zu umständliche und kostspielige Angelegenheit, zumal noch nicht einmal klar war, welches Format sich schlussendlich durchsetzen würde. Mittlerweile hat sich aber das Blu-ray-System gegen das HD-System durchgesetzt. Mit einem Marktanteil von unter acht Prozent, drei Jahre nach Produktstart, kann noch nicht wirklich von einem Durchbruch gesprochen werden, auch wenn sich mit „Batman – The Dark Knight" erstmals ein Blu-ray-Titel mehr als 1 Million Mal verkauft hat.[27] Der Film hat nach Angaben von Warner Bros. nach nur zehn Tagen mit über 64.000 Einheiten das beste Ergebnis einer Blu-ray-Veröffentlichung seit Einführung des Formates erzielt. Im Verhältnis zur DVD liegt die Blu-ray noch zurück, da von der DVD-Version im selben Zeitraum 540.000 Einheiten verkauft worden sind, sodass auf jede verkaufte Blu-ray rein rechnerisch 8,5 DVDs kommen.

Der Katalog an verfügbaren Blu-ray-Titeln nimmt dennoch stetig zu, die Hardware wird ebenso billiger und erste Blu-ray-Player mit Online-Zugang sind seit Anfang 2009 auf dem Markt. Dennoch glauben viele Experten nicht mehr an einen Erfolg der Blu-ray. „Blu-ray has 5 years left", meinte etwa Andy Griffiths, Chef der Unterhaltungselektroniksparte von Samsung Großbritannien im September 2008.[28]

---

[27] o.V. (2009.01.11.): Erfolg der Blu-ray-Disc lässt auf sich warten. In: http://futurezone.orf.at/stories/1501607/ (Stand: 22.02.2009)
[28] Miles, Stuart (2009.09.03): Samsung: „Blue-ray has 5 years left". In: http://www.pocket-lint.com/news/news.phtml/17399/18423/samsung-blu-ray-5-years-left.phtml (Stand 05.05.2009)

Auch die Zertifizierungsfirma THX sieht den Zug für Blu-ray bereits abgefahren: "Es ist zu spät für Blu-ray", so der wissenschaftliche Leiter der Firma THX, Laurie Fincham, im „Home Cinema Choice Magazine": „Bis sich Blu-ray auf dem Massenmarkt durchsetzen kann, gibt es längst Speicherkarten mit 128 Gigabyte, und es ist für die Filmstudios wesentlich einfacher, Filme und Extra-Downloads auf diesen Karten anzubieten." [29]

Ebenso sieht er größere Chancen des Filmvertriebes durch digitale Distributionswege wie Online-Videotheken.[30] Naturgemäß anderer Meinung ist wiederum Andy Parsons, Chairman der Blu-ray-Association (BDA):

> Eine Bedrohung digitaler Downloads für optische Speichermedien wie die Blu-ray-Disc sieht der Interessenverband nicht: "Es gibt genug Platz für eine Koexistenz - Menschen lieben neben ihrem Smartphone ja auch immer noch Papier und Stift", sagte Chairman Parsons. Eine Disc verschaffe ihrem Besitzer eine physische Befriedigung, die ein Download nicht bieten könne.[31]

2.5.1.3 VOD / Streaming

Beim Video-On-Demand-Verfahren kann der Kunde einen Film auf Anfrage herunterladen oder per Videostream direkt ansehen. Für die Nutzung dieses Dienstes ist ein Breitbandinternetanschluss notwendig. Meist bieten Telekomunternehmen diesen Service im Paket mit einem Internetzugang an.

Abrechnungsmodelle können sein:
- Pay-per-view (Bezahlung pro Nutzung)
- Subscription-VOD (Abonnement)
- Down-to-own
- Down-to-rent
- Near-video-on-Demand.

---

[29] o.V. (2009.03.29): THX: „Es ist zu spät für Blu-ray". In http://futurezone.orf.at/stories/266933/ (Stand: 05.05.2009)
[30] Lawler, Richard (2008.03.25.): THX Chief Scientist: "It's too late for Blu-ray". In: http://www.engadgethd.com/tag/laurie+fincham/ (Stand 05.05.2009)
[31] Maatz, Björn (2009.01.09): Elektronikbranche legt Blu-ray-Köder aus. In: http://www.ftd.de/technik/medien_internet/:Consumer-Electronics-Show-Elektronikbranche-legt-Blu-ray-K%F6der-aus/458795.html (Stand: 05.05.2009)

Bekannte VOD-Provider sind Orange in Frankreich und T-Home oder maxdome in Deutschland. In Österreich bietet die Telekom Austria mit ihrem IPTV Produkt aonTV einen inkludierten VOD-Dienst an, der Filmkatalog ist aber (noch) vernachlässigbar. Weiterführende Informationen zu VOD in Kapitel 3.3

2.5.1.4 Pay-TV & Free-TV

Sofern Fernsehsender nicht durch eine Koproduktion schon am Filmprojekt beteiligt sind, kann der Produzent oder der Verleih Lizenzrechte veräußern.

Da Fernsehsender mittlerweile auch Internet- und VOD-Plattformen anbieten, fordern sie oftmals auch die Internet- und On-Demand-Verwertungsrechte, entweder für das sogenannte Catch-Up TV-Service (sieben Tage Online Verfügbarkeit ab Ausstrahlung) oder für längere Ausstrahlung. Ob diese Rechte gegen gesondertes Entgelt vergeben werden, muss in der Regel jedesmal neu verhandelt werden.

2.5.1.5 Ancilary Rights

Ancilary Rights sind Nebenrechte, die mit einem Film verbunden sind. Das können Rechte am Filmsoundtrack, Merchandisingrechte oder auch Rechte an eventuellen Neuverfilmungen, Fortsetzungen oder Prequels sein.

Weitere mögliche Verwertungsformen: Das Vorführen des Films in Schulen, Flugzeugen, Schiffen u.v.m.

2.5.2 Verwertungsfenster

Unter Verwertungsfenstern versteht man die zeitliche Aufteilung der Verwertungsrechte an einem Film. Diese Zeitfenster sollen zwischen den verschiedenen Verwertungsformen den bestmöglichen Ertrag garantieren.

> Zweck dieser Abfolge von Zeitfenstern ist die sukzessive Abschöpfung unterschiedlicher Zahlungsbereitschaften in Bezug auf die Aktualität des Spielfilms. Begleitet wird dies durch eine degressive Preisgestaltung entlang der Verwertungskette – bezeichnet als „Price Skimming". Aufgrund der Substituierbarkeit zwischen den einzelnen Verwertungsfenstern ist es erforderlich, jedem Zeitfenster eine gewisse Exklusivität zu gewähren und die Übergänge zwischen den einzelnen Fenstern gewinnoptimal anzusetzen, um Kannibalisierungseffekte zu vermeiden und den Gewinn zu maximieren.[32]

---

[32] Popp, Wolfgang/Parke, Lennart/Kaumanns, Ralf (2008): Rechtemanagement in der digitalen Medienwelt. In: Media Perspektiven, 9/2008, 453

Der unterschiedlich lange Einsatz in den Zeitfenstern wird auch stark durch gesetzliche Bestimmungen reglementiert, sofern öffentliche Filmförderungen in Anspruch genommen wurden. Sogenannte Kinoschutzfristen oder Sperrfristen sollen bei geförderten Filmen vor allem eine Auswertung im Kino in einem bestimmten Zeitraum garantieren. Die Kinosperrfristen betragen in den meisten europäischen Ländern im Moment sechs Monate, die weiteren Verwertungsfenster sind teilweise länderunterschiedlich.

Auszug aus dem österreichischen Filmförderungsgesetz, Stand Jänner 2005:

Bildträger- und Fernsehnutzungsrechte

§ 11a. (1) Wer Mittel aus der Projektfilm- oder Referenzfilmförderung in Anspruch nimmt, darf den geförderten Film oder Teile desselben zum Schutz der einzelnen Verwertungsstufen vor Ablauf der folgenden Sperrfristen weder durch Bildträger im Inland oder in deutscher Sprachfassung im Ausland noch im Fernsehen oder in sonstiger Weise auswerten lassen oder auswerten:

a) Die Sperrfrist für die Bildträgerauswertung beträgt sechs Monate nach Beginn der regulären Filmtheaterauswertung im Inland (reguläre Erstaufführung).

b) Die Sperrfrist für die Auswertung durch individuelle Zugriffs- und Abrufdienste für einzelne Filme (Video-On-Demand und Near-Video-On-Demand) oder für ein festgelegtes Filmprogrammangebot gegen Entgelt (Pay-per-View) beträgt zwölf Monate nach regulärer Erstaufführung.

c) Die Sperrfrist für die Auswertung durch Bezahlfernsehen beträgt 18 Monate nach regulärer Erstaufführung.

d) Die Sperrfrist für die Auswertung durch frei zugängliches Fernsehen beträgt 24 Monate nach regulärer Erstaufführung.[33]

Land	VHS/DVD	VoD	Pay-per-View	Pay-TV	Free-TV	Anmerkung
AT	6	12	12	18	24	
GER	6	12	12	18	24	FFA gefördert
F	6	6	9	12	24-36	
DAN	-	Day to date				Zeitfenster werden einzeln ausverhandelt, Day to Date (zeitgleiche Veröffentlichung auf DVD und VoD)

Übersicht der klassischen Auswertungsabfolge in den untersuchten Ländern (2006):[34] (Alle Zeitfenster in Monaten. Der Beginn der Öffnung der Zeitfenster bezieht sich auf den Kinostart im jeweiligen Land.)

---

[33] o.V. (2005): Filmförderungsgesetz Stand Jänner 2005, Filminstitut Austria, 11
[34] o.V. (2007): Video-On-Demand in Europa. NPA Conseil, 76

Ausnahmeregelungen (Verkürzungen) sind im Einzelfall auf Antrag möglich. Die Veränderungen der Verwertungsfenster durch die digitale Distribution werden im Kapitel 6.5 gesondert behandelt.

2.5.3 Recoupment

Unter Recoupment versteht man eine Regelung, wie Erlöse zwischen den einzelnen Financiers aufgeteilt werden und vor allem, in welcher Reihenfolge ausbezahlt wird. Recoupment-Pläne müssen vor Produktionsbeginn zwischen allen Partnern abgeschlossen werden und können immer unterschiedlichen Inhalts sein. So kann es z.B. sein, dass ein Investor vor allen anderen die Einnahmen aus allen Territorien zugesprochen bekommt, bis sein Investment „recoupt" wurde, erst dann wird an weitere Beteiligte im Recoupment-Plan ausbezahlt.

Manche Filmförderungen verzichten in der Rangfolge des Recoupment-Plans darauf vor dem Produzenten zu liegen, um ihm größere Chancen auf eine Erfolgsbeteiligung einzuräumen. Dadurch verfügt der Produzent eher über mehr Eigenmittel zur Sicherung seines Betriebes oder zur Investition in neue Projekte.

2.5.4 Festivals

> Festivals sind die effizienteste Form, einen Film auf dem (Welt)Markt zu positionieren. An der Korrelation zwischen der Präsentation im Rahmen eines großen Festivals (dem Sprungbrett) und dem Markt kann, wie die Erfahrung zeigt, kein Zweifel bestehen. Filme, die einen internationalen Verleiher finden, tun dies zum überwiegenden Teil durch eine und dank einer vorangehenden Festivalkarriere. Und Preise erhöhen diese Marktwirksamkeit noch zusätzlich.[35]

Filmfestivals sind meist jährlich stattfindende Veranstaltungen, bei denen ausgewählte Filme dem öffentlichen Publikum präsentiert werden. Festivals zeigen primär Filme, die nicht dem Mainstream-Charakter entsprechen, sondern die durch ihre Machart, ihren Inhalt oder das behandelte Thema auffallen. Durch den Event-Charakter erhält ein Festival meist hohes mediales Interesse, was wiederum viele Filmemacher als Chance sehen, Aufmerksamkeit für ihren Film zu erhalten. Bekannteste Filmfestivals sind A-Kategorie[36]-Festivals wie Cannes, Berlinale, Venedig oder San Sebastian, aber auch Festivals wie Sundance oder die Festivals in Toronto und Pusan, um nur einige zu nennen. Parallel zu großen Festivals finden oft auch Film-

---

[35] Teichmann, Roland (2008, zitiert nach Martin Schweighofer): Filmwirtschaftsbericht 2008 – facts+figures 2007. Filminstitut Austria, 50
[36] Nach Definition von: Fédération Internationale des Associations de Producteurs de Films (FIAPF)

märkte statt, auf denen sich Lizenzverkäufer und -einkäufer treffen, um Filmhandel zu treiben. Bedeutende Märkte sind in Cannes, Berlin und Los Angeles.

Die Anzahl der Einsendungen nimmt bei den großen Festivals jedes Jahr stetig zu. So wurden beispielsweise beim Sundance-Filmfestival bei 129 möglichen Slots für Spielfilme im Jahr 2002 noch 1740 Filme eingereicht, 2003 waren es bereits 2000 Filme. Bei Kurzfilmen stieg die Zahl von 2100 auf 3345 Filme. Der bis 2009 tätige Festivalleiter Geoffrey Gilmore führt den Ansturm auf die billigere und einfachere Digitaltechnik zurück:

> Alle möglichen Leute versuchen sich jetzt plötzlich als Filmemacher. Früher musste man den Umgang mit einer Filmkamera gründlich lernen. Heute kauft man sich eine Digi-Kamera und legt los.[37]

Der Trend ist weiter ungebrochen, 2009 wurden (für verfügbare 118 Slots) 3661 Langfilme eingereicht.[38] Ob Festivals wirklich einen besseren Erfolg im Kino hervorrufen können, wird oftmals diskutiert. Dr. Peter Zawrel vom Filmfonds Wien meinte dazu im Filmmagazin RAY:

> Es ist ein Irrtum zu glauben, dass einem ein Festivalpreis etwas im Marketing hilft. Das Publikum interessiert sich nämlich gar nicht für diesen Preis. Dieses Denken hat über viele Jahre in eine Sackgasse geführt.[39]

Tatsächlich kennen nur Insider die Preisträger der letzten Festivals in Cannes und Berlin, sogar oscar-prämierte Filme bleiben nur kurz in Erinnerung. Es steigt aber nicht nur die Anzahl der Filmeinreichungen selbst, auch die Zahl der Filmfestivals erhöht sich mittlerweile mit jedem Tag und ist unüberschaubar gewachsen. Alleine im Gebiet der Europäischen Union zählt die European Coordination of Film Festivals (ECFF) über 800 Festivals[40]. Die Digitalisierung, auch in der Präsentationstechnik, hat diesen Trend sicher weiter verstärkt und viele kleine Festivals ins Leben gerufen. Auch sind vermehrt Online-Filmfestivals festzustellen. Ein großer Nachteil ist jedoch, dass der außenstehende Filmemacher selbst nur mehr schwer beurteilen kann,

---

[37] o.V. (2003.01.15): Wo Hollywood-Stars ihre kreativen Seiten ausleben. In: http://www.spiegel.de/kultur/kino/0,1518,230773,00.html (Stand: 24.02.2009)
[38] Kay, Jeremy (2009.01.27.): Sundance 2009: the numbers that matter. In: http://www.guardian.co.uk/film/filmblog/2009/jan/27/sundance-2009 (Stand: 01.02.2009)
[39] Landsgesell, Gunnar/Ungerböck, Andreas (2007): Eine absolute Katastrophe. In: http://www.ray-magazin.at/2007/0907/th_filmf_2.htm (Stand: 01.02.2009)
[40] o.V. (kein Datum): Filmfestspiele. In: http://de.encarta.msn.com/encyclopedia_721528572/Filmfestspiele.html (Stand: 18.03.2009)

welche Festivals nun wirklich sinnvoll sind und damit auch für den eigenen Film wertvoll sein können.

3 Grundlagen der Digitalen Film Distribution – „Neue Welt"

3.1 Definition

Als „digitale Distribution" bezeichnet man eine Technik, durch die es möglich wird, digitale Inhalte über digitale Übertragungstechnologien wie z.B. das Internet oder Kabelnetze zur Verfügung zu stellen. Inhalte können dabei Bücher, Musik, Software, Spiele oder multimediale Inhalte sein. Für eine digitale Verbreitung ist es nötig, dass die transportierten Inhalte digital zur Verfügung stehen bzw. digitalisiert werden können. In dieser Studie wird ein spezieller Schwerpunkt auf die Film-Distribution über das Internet gelegt, aber diese wird immer wieder mit den Entwicklungen der digitalen Distribution in anderen Branchen verglichen.

Der technologische Fortschritt der letzten Jahre ermöglicht es, mehrere wesentliche Stärken des Internets für den Vertrieb digitaler Produkte zu nutzen. Die digitale Verbreitung bietet nun die Möglichkeit einen globalen Markt zu bedienen, ständige Verfügbarkeit der Produkte zu garantieren und schafft erstmals einen direkten Zugang zum Verbraucher. Filme müssen nicht mehr per Kurier quer über den Globus verschickt werden, der Gang in die Videothek kann ebenso entfallen. Das Internet kennt keine Grenzen und somit auch die dadurch angebotenen Inhalte nicht. Das ermöglicht eine bisher noch nie da gewesene kulturelle Content-Vielfalt. Der User kann aus einem weltweiten Katalog Inhalte wählen und innerhalb von Sekunden darauf zugreifen.

Ein wesentlicher Vorteil der Distribution über digitale Kanäle ist die Möglichkeit der Interaktion des Users durch einen sogenannten Rückkanal. Konnte der Konsument bis dato nur Signale empfangen (durch z.B. analogen Kabel-, Satelliten- oder Antennenempfang), können durch den Rückkanal auch Informationen zurückgeschickt werden. Dadurch kann der User beispielsweise aktiv ins Programm eingreifen oder Bestellungen tätigen. Für Dienstanbieter bringt dies vor allem auch die Möglichkeit der Protokollierbarkeit und dadurch eine Personalisierung von Content und Werbung.

3.2 Empfang

Es gibt verschiedene Möglichkeiten, wie digitale Inhalte empfangen werden können. Die im Moment nach wie vor verbreitetste Nutzung ist der Personal Computer. Doch veränderte Nutzungsgewohnheiten und neue Technologien und Produkte verlagern den Anteil des Empfangs von Videoinhalten mehr und mehr auch auf andere Geräte.

3.2.1 PC

Die führende Position des PCs lässt sich durch die historische Entwicklung des Internets erklären. War das Internet, so wie wir es heute kennen, früher ein Netzwerk aus Rechnern von Universitäten und Forschungseinrichtungen, hat es sich relativ schnell zu dem wichtigsten Computernetzwerk überhaupt etabliert. Durch die Entwicklung und Einführung des Dienstes „World Wide Web" und der Internetbrowser konnten nun auch technisch nicht über die Maßen Versierte über den eigenen PC auf das Netz zugreifen und es verwenden. Der Empfang von Daten über das Internet war also lange Zeit für den normalen User an einen Computer mit Internetbrowser gebunden.

Heute gibt es in der Regel zwei Möglichkeiten am PC Videomaterial zu sehen. Einerseits die bekannte Form des Browsers (siehe Abbildung 12 - 14), andererseits durch eigenständige Programme, die Inhalte empfangen und darstellen können. Die Zahl der zur Verfügung stehenden Programme steigt täglich an, erwähnt seien hier z.B. Miro, Windows Media Player, Vuze, Quicktime, Joost und Zattoo. Es zeigt sich der Trend, dass User aber eher keine zusätzlichen Programme zum Empfang am Computer installieren wollen, sondern bequem in ihrem Browser eine Auswahl treffen wollen. So hat die am PC über den Browser empfangbare Plattform „Hulu" enorm an Usern gewonnen, während „Joost" mit ähnlichem Geschäftsmodell aber eigenständigen Tools bei weitem nicht die gleichen Nutzerzuwächse aufweisen konnte. Ein wesentlicher Vorteil für die Anbieter von Web-Services ist die mögliche Protokollierbarkeit der Nutzer durch die Verwendung von sogenannten Cookies. [41]

---

[41] Ruft ein User eine bestimmte Web-Page auf, werden von dem jeweiligen Server Informationen an den Web-Browser des Users geschickt, der diese Informationen lokal am Rechner des Users speichert. Diese Informationen können vom Server bei einem erneuten Aufrufen der Web-Page abgerufen werden und ermöglichen z.B. einen leichteren Log-in oder die Verwendung von Warenkörben.

Eine ausführliche Darlegung der Nutzergewohnheiten sowie deren Transformationsprozess findet sich in Kapitel 4.

Abbildung 12[42] **Abbildung 13**
Videos am Beispiel „msn Movies" im Webbrowser als Vorschau und...

Abbildung 14
... in Vollbilddarstellung am Bildschirm anzeigen lassen.

---

[42] o.V. (2008): Screenshot movies.msn.de. In: http://movies.msn.de (Stand: 22.11.2008)

3.2.2 Set-Top-Box

Der Begriff ist relativ selbsterklärend: Es handelt sich bei einer Set-Top-Box im Wesentlichen um ein Gerät, das auf dem TV-Gerät platziert wird und dem User erweiterte Nutzungsmöglichkeiten bietet, wie z.B. interaktive Services, und in der Regel in der Kombination mit einem TV-Gerät verwendet wird. Durch den Einsatz eines solchen Geräts lassen sich zusätzliche unterschiedliche analoge, aber auch digitale Funktionen nutzen.

Die zurzeit verbreitetste Form der Set-top-Box ist die zum Empfang von digitalen TV-Signalen. Dabei werden codierte Signale von der Box decodiert und an ein Ausgabegerät (z.B. TV) geliefert. Durch diesen Vorgang können digitale Signale auch an älteren (analogen) Fernsehgeräten wiedergegeben werden. Durch einen sogenannten Rückkanal können aktuelle Set-Top-Boxen nicht nur Signale empfangen, sondern auch senden. Durch dieses System können Eingaben vom User verarbeitet und an den Provider geschickt werden. Dies ermöglicht interaktive Services wie z.B. Interactive Program Guides, virtuelle Shops, Internetsurfen, Videokonferenzen oder E-Mails schreiben.

Sämtliche Abspielgeräte, wie z.B. der DVD-Player, und Aufnahmegeräte (Videorekorder, DVR Digital Video Recorder) zählen ebenso zu den Set-Top-Boxen. Ähnlich wie beim Datenempfang über den Webbrowser sind auch durch Verwendung einer Set-Top-Box sämtliche Aktionen des Users durch den Provider protokollier- und auswertbar.

3.2.3 Konsolen

Einen immer wichtigeren Anteil am Online-Videomarkt nehmen Spiel-Konsolen wie Microsoft Xbox, Nintendo Wii oder Sony Playstation ein. Konsolen sind genau genommen Set-Top-Boxen, die aber gezielt zum Einsatz von Videospielen entwickelt wurden. Einfache und komfortable Bedienung mit Schwerpunkt auf optimale Leistung für Videospiele zeichnen diese Geräte aus.

Die erste Spielkonsole wurde 1972 von Ralph Baer vorgestellt[43], seitdem wurden ständig neue Modelle und Funktionen präsentiert. Ende der 1980er wurden erstmals Geräte mit 3D-Unterstützung und CDs als Speichermedium vorgestellt. Die nun in der siebten Generation verfügbaren Geräte stehen einem PC in Leistung und Funktion um nichts nach. Sie sind kompatibel mit sämtlichen aktuellen Medien und Schnittstellen wie DVD, HD-DVD, HDMI und sind onlinefähig. Durch die Internet-Anbindung wurden interaktive Spiele möglich und so können User weltweit gegeneinander spielen.

Durch die Verbindung mit dem Internet bekamen Spielkonsolen eine enorme Bedeutung für die Filmindustrie. Allein die aktuellen Geräte (alle onlinefähig) der Hersteller Microsoft, Nintendo und Sony verkauften sich weltweit von Ende 2005 bis Februar 2009 in Summe knapp 100 Millionen Mal, wobei Nintendo mit 45 Millionen verkauften Geräten klare Nummer eins ist.[44] Somit hat die Unterhaltungsindustrie auf einen Schlag Zugang zu knapp 100 Millionen Usern, die ohne weitere Investitionen wie Abspielgeräte oder Fernseher zu potentiellen Video-On-Demand-Kunden werden könnten.

Microsoft und Sony bieten bereits VOD-Dienste über ihre Geräte an, Nintendo will im Jahre 2009 nachziehen. Durch eine Kooperation zwischen Microsoft und der Online-Videothek Netflix steht dem Xbox-Kunden eine Auswahl von über 12.000 Filmtiteln zur Verfügung.[45] Nintendo setzt aktuell nicht wie die beiden anderen Hersteller auf HD-Blockbuster auf Bezahlbasis, sondern auf kürzere Clips, familientaugliche Inhalte und UGC, die teilweise über Werbung und auch komplett kostenlos angeboten werden sollen.[46]

---

[43] o.V. (kein Datum): Odyssye history. In: http://www.magnavox-odyssey.com/Odyssey%20history.htm (Stand: 17.12.2008)
[44] Jakobs, Benjamin (2009.02.23.): PS3: Mehr als 21 Millionen verkauft. In: http://www.eurogamer.de/articles/ps3-mehr-als-21-millionen-verkauft (Stand:08.04.2009)
[45] Parrack, Dave (2009.02.28.): Xbox 360 Gets More Downloadable Movies | Consoles Important Drivers Of Online Video. In: http://www.webtvwire.com/xbox-360-gets-more-downloadable-movies-consoles-important-drivers-of-online-video/#more-4199 (Stand: 08.04.2009)
[46] Gannes, Liz (2008.12.26.): Wii to Get Video on Demand…Sorta. In: http://newteevee.com/2008/12/26/wii-to-get-video-on-demandsorta/ (Stand: 08.04.2009)

3.2.4 Mobile Geräte

Der Konsum von Videos über mobile Endgeräte erfährt vor allem bei Teenagern einen starken Anstieg. Konnte früher nur analoges TV-Signal auf portablen Geräten empfangen werden, macht sich auch hier der technische Fortschritt bemerkbar. Mit der Einführung des Übertragungsstandards DVB-H (Digital Video Broadcasting-Handhelds) wurde ein speziell an mobile Geräte angepasster, komprimierter digitaler Standard vorgestellt.

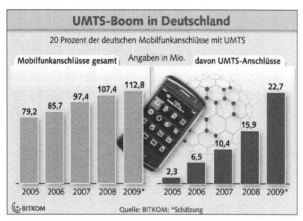

Abbildung 15: Mobilfunk und UMTS-Anschlüsse in Deutschland in Millionen, 2005 - 2009[47]

Die Mobilfunk-Übertragungstechnik UMTS (Universal Mobile Telecommunications System) ermöglicht Breitband-Video-Streaming über das Internet. Durch den UMTS-Nachfolger LTE (Long Term Evolution) wird man in naher Zukunft auch HD-Streams auf mobilen Endgeräten anbieten können.

3.3 Nutzungsart

Mediale Inhalte, unabhängig vom Übertragungsweg, können äußerst variabel bezogen und genutzt werden. Die wichtigsten seien hier kurz erwähnt:

Unter linearer Nutzung versteht man das Konsumieren von klassischen TV-Programmen mit fixem Sendeschema. Lineares Fernsehen ist auch über das Internet

---

[47] O.V. (2009.02.15.): 16 Millionen UMTS-Anschlüsse in Deutschland. In: http://www.bitkom.org/de/presse/8477_57785.aspx (Stand: 04.04.2009)

empfangbar. Bekannteste nichtlineare Nutzung ist das sogenannte Video-On-Demand (VOD)-Verfahren. Dabei können Videoinhalte auf Anfrage abgerufen werden. Unterschieden werden folgende Varianten: Beim „Streaming" werden Videodaten gleichzeitig empfangen und wiedergegeben, die Technik bildet das Internet-Äquivalent zu herkömmlichen Systemen wie Hörfunk oder Fernsehen. Beim „Download" muss das Video oder der Film vor dem Betrachten zur Gänze heruntergeladen worden sein. Der „Progressive Download" lädt Daten in einen Zwischenspeicher und ermöglicht dadurch das Betrachten des Videos während des Download-Prozesses.

Folgende VOD-Systeme lassen sich dabei voneinander unterscheiden:

- Near Video on Demand (NVOD) ist dem VOD ähnlich; der Filmstartzeitpunkt kann jedoch nicht beliebig gewählt werden. Die Starts erfolgen in festen Intervallen, z.B. jede Stunde. Pay-TV-Anbieter wie Premiere setzen diese Technik seit Jahren ein.
- Pay-Per-View (PPV): Pro gesehenem Film wird bezahlt.
- Download-to-Own: Inhalte können heruntergeladen und auf unbestimmte Zeit genutzt werden.
- Download-To-Rent: Inhalte können heruntergeladen werden, die Nutzung ist allerdings zeitlich beschränkt.
- Subscription-Video-On-Demand Abonnement (SVoD-Abonnement): Hier erhält der Kunde gegen ein fixes Entgelt unlimitierten Zugang auf bestimmte Programme.
- Personal Video Recorder (PVR): Zeichnet, ähnlich dem Videorecorder, Bild- und Toninhalte auf, jedoch auf digitalen Formaten wie Festplatten oder DVDs. Per Netzwerkkabel lassen sich diese über das Heim-Netzwerk oder auch Internet bedienen und fernsteuern.

3.4 Übertragung

Es gibt mehrere technische Möglichkeiten, wie digitale Inhalte den Konsumenten erreichen können. Durch den erhöhten Datentraffic bei Videoübertragungen sind Breitbandnetze erforderlich. Digitale Inhalte können u.a. über Glasfaser (FTTH – Fibre to the home), Powerline (über Stromverteilernetze), Funknetze (WLAN),

Mobilnetze (3G), Kabelnetze (DVB-C), Satelliten (DVB-S) und herkömmliche Telefonanschlüsse (DSL) bezogen werden. Am österreichischen Markt sind die Techniken Kabel, Fest- und Mobilnetze (DSL, 3G) am bedeutendsten. Um bei Kabelnetzen eine bessere Ausnutzung der Bandbreiten zu erreichen, werden alle analogen Leitungen durch digitale ersetzt (werden). Digitale Kabelnetzbetreiber wie UPC in Österreich oder Unitymedia in Deutschland stellen gegen ein monatliches Entgelt Dienste wie Fernsehen, Telefonie, VOD und Internet zumeist im Paket zu Verfügung. Über digitale Satelliten (DVB-S) werden fast ausschließlich Bild- und Toninhalte empfangen, Internetempfang ist zwar technisch möglich, hat sich aber am Markt aktuell noch nicht etabliert. Seit 1. 9. 2008 bietet z.B. das Unternehmen StarDSL ähnlich wie Kabelnetzprovider Kombipakete mit Internet, Telefonie und Fernsehen an.[48]

Durch steigende Bandbreiten bei Internetleitungen wurde der Empfang von Videoinhalten über das Internet möglich und löste einen regelrechten Boom aus. Viele Videoplattformen wie YouTube, Dailymotion.com oder myvideo.de konnten von dieser Entwicklung profitieren und enorm an Nutzerzahlen zulegen.

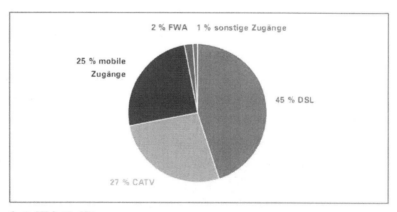

Quelle: RTR-GmbH – KEV

Abbildung 16: Zugangsarten Breitband-Internet Ende 2007 in Österreich[49]

---

[48] Vgl. http://www.stardsl.de/triple-play.html (Stand: 28.12.2008)
[49] Grinschgl, Dr. Alfred/Serentschy, Dr. Georg (2008): Kommunikationsbericht 2007. Rundfunk und Telekom Regulierungs-GmbH, 183

Mit der Einführung von IPTV (Internet Protocol Television) wurde es auch für Internetprovider wie die Telekom Austria in Österreich, die deutsche Telekom in Deutschland oder - dem bezüglich der IPTV-Technologie und -Services absolut führenden Internetprovider - Orange in Frankreich möglich, Fernsehprogramme und Video-On-Demand-Services anzubieten. IPTV ist eine Technologie, die auf das, dem Internet zugrunde liegenden Internet-Protokoll (IP) zurückgreift und digitale Übertragung von Fernsehprogrammen und Filmen ermöglicht. Der deutsche IPTV-Markt hat sich zwischen Ende 2007 und Ende 2008 verdreifacht, 536.000 Kunden nutzten dort Fernsehen über das Internet. Die Telekom Austria hat eigenen Angaben zufolge ca. 75.000 aonTV-Kunden.[50] TV- und VOD-Dienstleistungen von Providern wie der Telekom Austria oder UPC werden als geschlossene Netze bezeichnet. Der Internetprovider sorgt für die Inhalte, Verbreitung und Qualitätssicherung des IPTV-Signals. Für die Verwendung sind vom Provider zur Verfügung gestellte Set-Top-Boxen notwendig. Bei offenen Netzen steht der freie Zugang zu den Inhalten im Vordergrund.

Welcher Übertragungsweg und welche Übertragungsart das Rennen um den zukünftigen Konsumenten machen wird, ist nach derzeitigem Stand noch alles andere als entschieden. Während viele Experten den gebündelten und geschlossenen Angeboten die besten Zukunftsaussichten prognostizieren, setzen andere auf offene Netze und freie Wahlmöglichkeiten für den Kunden. Avner Ronen, Gründer der plattformunabhängigen Media-Center Software „Boxee", sieht die Zukunft der Videodistribution klar im offenen Internet und kritisiert Anbieter und Verfechter von geschlossenen und linearen TV-Systemen (Auszug):

> Bundled offering is not going away. What is going away is the traditional concept of a "channel" and the idea that the cable company is the one deciding what content is included in the bundle.
>
> As a cable channel your primary concern is your ability to negotiate your way into the basic cable package with as many cable operators, and to get the highest fee for it. The network infrastructure is a great asset. Their billing relationship with the user is another one. They should try to build their future business around these two foundations.
>
> In the same way that in the Internet age printing a newspaper is an inefficient way to deliver news, building a channel and programming a 24hr schedule is an inefficient way to offer video content. I understand it is a lucrative business. you invest in 1-3 originally produced (or exclusively licensed) core programs, come up with 5-7 cheap to produce shows, license a bunch of

---

[50] o.V. (2009.05.07.): Telekom Austria meldet 75.000 aonTV Kunden. In: http://derstandard.at/?url=/?id=1241622146376 (Stand: 19.05.2009)

syndicated content, get cable companies to carry it and voila! You've got a great business. But this model breaks in an on-demand world, and while it may take a few years the change is inevitable.[51]

Mark Cuban, Geschäftsführer des TV-Senders HDNet, sieht wiederum viele Schwächen in offenen Netzen über das Internet. Der enorme Breitbandbedarf, den mehrere HD-Videos hervorrufen, wird normales Surfen nebenbei kaum noch zulassen. Des Weiteren bemängelt er die schlechte Qualität der Videos und die technische Unausgereiftheit, die ein fehlerfreies Streamen erst gar nicht zulässt.

Bezüglich Breitbandbedarf und Qualität hat Mark Cuban m.E. nicht ganz unrecht. Bieten Provider in ihrem Leistungspaket VOD- und Streaming-Angebote an, garantierten sie eine Mindestqualität und Verfügbarkeit der Videos. Nutzt man Streaming-Angebote über die Internetleitung, reicht oftmals die angebotene Bandbreite nicht aus, um fehlerfreien Filmkonsum zu ermöglichen.

Unabhängig von offenen oder geschlossenen Netzen darf nicht vergessen werden, dass Breitbandnetze, die für HD-Filme zwingend notwendig sind, zumeist oft nur in Ballungsräumen verfügbar sind. Bis Mobilfunknetze dieselben Kapazitäten und die gleiche Zuverlässigkeit wie fixe Leitungen erreichen, wird noch einige Zeit vergehen. Schlussfolgerung daraus: Viele Menschen haben bereits einen Internetzugang, ob dieser auch für Videostreams jenseits der Briefmarkengröße ausreicht, ist jedoch in vielen Fällen zu bezweifeln. So werden für einen Standard-Definition-aon.tv-Stream der Telekom Austria mindestens 3 - 4 Mbit (=3072 - 4096 kbit/s) schnelle Leitungen benötigt. Soll parallel dazu ein zweiter Stream genutzt werden (z.B. für Aufzeichnungen) verdoppelt sich der Bedarf an Bandbreite. Trotz Einsatz von neuen Komprimierungsverfahren wie H264, erhöht sich bei HD-Streams der Breitbandbedarf noch einmal erheblich. Bezeichnend für die Schwammigkeit der Begrifflichkeit „Breitband-Internet" ist das Faktum, dass in Österreich laut Definition der Rundfunk & Telekom Regulierungs GmbH der Begriff bereits ab einer Geschwindigkeit von mehr als 144 kbit/s vergeben wird.[52]

---

[51] Ronen, Avner (2009.03.21.): A lively debate with Mark Cuban. In: http://blog.boxee.tv/2009/03/21/a-lively-debate-with-mark-cuban/ (Stand: 04.04.2009)
[52] o.V. (2008): RTR Telekom Monitor 4. Quartal 2008. Rundfunk und Telekom Regulierungs-GmbH, 33

3.5 Content

Durch die Digitalisierung und Demokratisierung in der Herstellung und im Vertriebsprozess haben sich zwei verschiedene Arten von Inhalten entwickelt, die unterschieden werden müssen. Eine Unterscheidung ist – wie sich herausgestellt hat – deshalb wichtig, weil man nur durch eine genaue Kategorisierung entscheiden kann, welche Geschäftsmodelle auf die verschiedenen Content-Arten anzuwenden sind. Die genaue Erklärung dazu findet sich in Kapitel 8.

3.5.1 User Generated Content

Unter der Bezeichnung „User Generated Content" (oder kurz UGC) versteht man Inhalte einer Web-Plattform, die nicht durch den Anbieter selbiger Plattform geschaffen werden, sondern vielmehr durch die Nutzer, die auf jene Plattform zugreifen können. UGC wird von der Organisation of Economic Co-operation and Developement (OECD) in einer Studie wie folgt definiert:

- Content made publicly available over the Internet,
- Which reflects a certain amount of creative effort, and
- Which is created outside of professional routines and practices.[53]

Die OECD definiert die Charakteristik für UGC also folgendermaßen: Das Werk muss von einem User, in welcher Form auch immer, also z.B. als Text, Fotografie, Video u.Ä. publiziert werden oder es muss zumindest die Absicht zur Publikation bestehen. Sobald der User ein Werk mit der Absicht, dass es von anderen Usern konsumiert wird, im Internet zur Verfügung stellt, liegt also ein UGC vor. Die Zahl, wie viele User in der Folge auf das Werk zugreifen können, ist dabei unerheblich. Der Urheber hat dabei die Möglichkeit, den Zugang zu seinem produzierten Werk zu limitieren und zu beschränken: Dies ist zum Beispiel der Fall, wenn in den so bezeichneten Social Networks wie z.B. Facebook oder MySpace ganz gezielt vom User eigens bestimmte Inhalte nur einer ebenfalls von ihm definierten Gruppe zugänglich gemacht werden. Der kreative Input des Users kann sich z.B. durch das Hochladen von Originalvideos zeigen oder durch das Verfassen von Kommentaren zu Filmen z.B. in Form von Blogs. Ein wichtiges Merkmal von UGC ist außerdem, dass die Herstellung in der

---

[53] Vickery, Graham/Wunsch-Vincent, Sacha (2007): Participative Web and User-Created Content: Web 2.0, Wikis and Social Networking. OECD, 9

Regel nicht in einem professionellen Umfeld stattfindet. UGC wird oft von Amateuren hergestellt, ohne dass jene dafür Geld oder Gewinnbeteiligung erwarten. Motivationsgründe hierfür sind: die Vernetzung mit Gleichgesinnten und die eigene Popularität steigern.

Beispiele für Plattformen, deren Inhalte hauptsächlich durch die User produziert werden, sind: Wikipedia, YouTube, MySpace oder Flickr. Aber auch personalisierte Blogs oder Wikis zählen zu UGC. Einige dieser ursprünglichen UGC-Plattformen haben im Laufe der Jahre jedoch stetig an Popularität gewonnen, sodass sie naturgemäß für etablierte Medien- und Technologieunternehmen wie Rupert Murdochs News Corp. oder Google marktstrategisch interessant wurden und sich dadurch in einem relativ eigendynamischen Prozess von der ursprünglichen Charakteristik, jedem User eine Plattform für eigenständige Publikationen zu bieten, wegentwickelten und der Fokus stattdessen auf die Monetarisierung gelegt wurde. War es früher für viele Anbieter oberstes Kriterium möglichst viele User vorweisen und somit auch viel Content anbieten zu können, so ist die Monetarisierung mittlerweile für diese Plattformen genauso wichtig. Am deutlichsten zeigt sich diese Entwicklung bei YouTube. Seitdem es von Google übernommen worden ist, ist das oberste Ziel: Monetarisierung.

3.5.2 Professional Generated Content

Unter „Professional Generated Content" oder auch „Premium Content" versteht man hochwertige digitale Inhalte, die, im Gegensatz zum UGC, in professionellem Umfeld hergestellt worden sind. Der Bezug von Professional Generated Content kann kostenlos, aber auch verbunden mit Entgeltmodellen dem User zu Verfügung oder in Aussicht gestellt werden. Bekanntestes Beispiel ist die US-Videoplattform Hulu, ein Gemeinschaftsunternehmen von NBC Universal, News Corp. und Disney. Über die Plattform wird, im Gegensatz zu YouTube, ausschließlich Premium Content angeboten, so können TV-Serien, Shows und ganze Spielfilme aus dem Rechtekatalog der beiden Firmen konsumiert werden. In weiterer Folge wurden auch Inhalte anderer Anbieter eingebunden, Comedy Central, Disney Channel und Sundance seien als Beispiele erwähnt. Der Service finanziert sich zum einen aus Werbeeinblendungen, zum anderen durch Anschlussverkäufe, schließlich werden nicht immer alle Folgen einer Staffel gratis angeboten. Nachteil von Hulu ist, dass der Großteil der Inhalte aus urheberrechtlichen Gründen derzeit auf das US-Territorium beschränkt ist. Hulu wird von vielen Seiten mit viel Lob bedacht, da der Service sehr einfach zu bedienen ist und Serien und Filme in einer guten Qualität angeboten werden. Die Nutzerzahlen sprechen eine recht deutliche Sprache. Hulu konnte zuletzt deutlich mehr neue Zuseher gewinnen als YouTube. Auch hat sich gezeigt, dass Premium-Contents von Hulu im Durchschnitt länger (10,1 min) konsumiert werden als der Durchschnitt der normalen Online-Videos (3,2 min).[54] Eine eingehende Analyse zum Thema „Monetarisierung von Content" findet sich in dem Kapitel 8.1.

---

[54] Lipsman, Andrew (2009.03.04.): YouTube Surpasses 100 Million U.S. Viewers for the First Time. In: http://www.comscore.com/press/release.asp?press=2741 (Stand: 05.04.2009)

4 Marktübersicht und Nutzungsverhalten

4.1 Internetnutzung

Digitale Inhalte werden zu einem Großteil über das Internet transportiert. Die Anzahl der Internet-User steigt nach wie vor rapide an. So zeigt eine Statistik der amerikanischen Marktforschungsagentur „comScore", dass die Gesamtzahl der User erstmals die Milliardengrenze überschritten hat.

Total Worldwide Internet Audience: Regional Breakdown, Ranked by Total Unique Visitors (000) December 2008 Age 15+		
Region	Total Unique Visitors (000)	Share of Total Worldwide Internet Audience (%)
Worldwide	1,007,730	100.0%
Asia Pacific	416,281	41.3%
Europe	282,651	28.0%
North America	185,109	18.4%
Latin America	74,906	7.4%
Middle East & Africa	48,783	4.8%

Tabelle 1: Weltweite Internet-Nutzerzahlen, Dezember 2008, Alter 15+[55]

Top 15 Worldwide Properties, ranked by Total Worldwide Unique Visitors (000) Age 15+, Home & Work Locations. December 2008		
Property	Total Unique Visitors (000)	% Reach of Total Worldwide Internet Audience
Total Worldwide Internet Audience	1,007,730	100.0%
Google Sites	775,980	77.0%
Microsoft Sites	646,915	64.2%
Yahoo! Sites	562,571	55.8%
AOL LLC	273,020	27.1%
Wikimedia Foundation Sites	272,998	27.1%
eBay	240,947	23.9%
Facebook.COM	221,791	22.0%
Amazon Sites	187,354	18.6%
CBS Corporation	178,844	17.7%
Fox Interactive Media	172,841	17.2%
Ask Network	164,513	16.3%
Apple Inc.	161,500	16.0%
Tencent Inc.	158,617	15.7%
Baidu.com Inc.	152,447	15.1%
Adobe Sites	123,623	12.3%

Tabelle 2: Top-15-Internetziele, gelistet nach weltweiten Unique-Besuchern[56]

---

[55] Gavin, Jamie (2009, 23. 01.): Global Internet Audience Surpasses 1 Billion Visitors, According to comScore. In: http://www.comscore.com/press/release.asp?press=2698 (Stand: 05.04.2009)
[56] ebd.

Noch vor ein paar Jahren waren die Hauptbeschäftigungen im Internet: E-Mails schreiben, Information einholen und sich austauschen. Durch die ständige Weiterentwicklung der technischen Möglichkeiten wurden die Leitungen im Laufe der Zeit jedoch immer schneller und ermöglichten so auch eine Nutzung von multimedialen Inhalten. Video Plattformen wie YouTube profitierten am meisten davon und ihre Zugriffszahlen schossen in die Höhe.

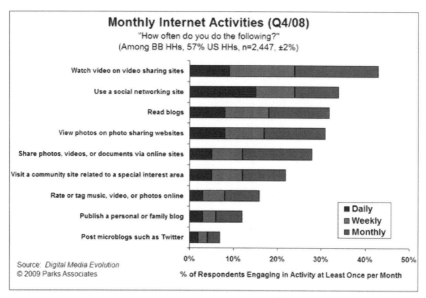

Abbildung 17: Monatliche Internet-Aktivitäten, 4. Quartal 2008[57]

4.2 Nutzung TV & Videos

Die Konsumation von Videos legte in den USA weiter zu und verbuchte 2008 ein Rekordjahr. Auffällig dabei ist aber, dass in den Gesamtzahlen die Fernsehnutzung nicht zurückgegangen ist, wie man vermuten könnte. Der „A2M2 Three Screen Report" von The Nielson Company vom 23. Februar 2009 zeigt u.a. einen Zuwachs sowohl bei TV, Internet und mobiler Nutzung in den USA (Abbildung 19).

---

[57] Denissov, Anton (2009): Social Media & User-Generated Content. In: http://www.parksassociates.com/research/reports/tocs/2009/socialmedia.htm (Stand: 04.04.2009)

Overall Usage Number of Users 2+ (in 000's) – Monthly Reach				
	4Q08	3Q08	4Q07	% Diff Yr to Yr
Watching TV in the home°	285,313	282,289	281,376	1.4%
Watching Timeshifted TV°	73,934	67,656	53,914	37.1%
Using the Internet**	161,525	160,070	156,323	3.3%
Watching Video on Internet**	123,195	120,362	n/a	n/a
Using a Mobile Phone^	228,920	224,495	n/a	n/a
Mobile Subscribers Watching Video on a Mobile Phone^	11,198	10,260	n/a	n/a

Source: The Nielsen Company

Abbildung 18: Nutzerzahlen in den USA[58]

Monthly Time Spent in Hours:Minutes Per User 2+					
	4Q08	3Q08	4Q07	% Diff Yr to Yr (4Q08 to 4Q07)	Absolute Diff Yr to Yr (4Q08 to 4Q07)
Watching TV in the home*	151:03	140:48	145:49	3.6%	5:13
Watching Timeshifted TV*	7:11	6:27	5:24	33.0%	1:47
Using the Internet**	27:04	27:18	26:08	3.6%	0:56
Watching Video on Internet**	2:53	2:31	n/a	n/a	n/a
Mobile Subscribers Watching Video on a Mobile Phone^	3:42	3:37	n/a	n/a	n/a

Source: The Nielsen Company

Abbildung 19: Monatliche Nutzung in Stunden, 4. Quartal 2007 – 4. Quartal 2008[59]

Monthly Time Spent in Hours:Minutes 4Q 2008								
	K2-11	T12-17	A18-24	A25-34	A35-44	A45-54	A55-64	A65+
On Traditional TV*	106:37	103:48	118:28	142:29	147:21	173:00	190:40	207:29
Watching Timeshifted TV*	5:11	4:24	5:01	10:50	9:44	8:31	7:54	3:58
Using the Internet**	5:19	11:27	13:00	28:15	38:40	37:06	33:39	26:29
Watching Video on Internet**	1:49	2:49	5:03	4:14	3:20	2:34	1:34	1:08
Mobile Subscribers Watching Video on a Mobile Phone^	n/a^^	6:38^^	2:53	3:42	3:37	2:53	2:10	n/a°°

Source: The Nielsen Company

Abbildung 20: Monatliche Nutzung in Stunden, 4. Quartal 2008[60]

---

[58] Whiting, Susan (2009): A2/M2 Three Screen Report 1st Quarter 2009 - Television, Internet and Mobile Usage in the U.S. The Nielson Company
[59] Ebd.
[60] Ebd.

Video Audience Composition – Age 4Q 2008								
	K2-11	T12-17	A18-24	A25-34	A35-44	A45-54	A55-64	A65+
On TV*	10%	6%	8%	13%	14%	17%	15%	18%
On the Internet**	7%	8%	8%	16%	19%	20%	15%	7%
On Mobile Phones^	n/a^^	19%^^	11%	34%	20%	11%	5%	1%
Source: The Nielsen Company								

Abbildung 21: Vergleich Videonutzung nach Alter[61]

Video Audience Composition – Gender 4Q 2008		
	F2+	M2+
On TV*	53%	47%
On the Internet**	54%	46%
On Mobile Phones^^	37%	63%
Source: The Nielsen Company		

Abbildung 22: Vergleich Videonutzung nach Geschlecht[62]

Die interessantesten Fakten, die sich aus der Untersuchung ergeben:

- Digitale Videorekorder-Nutzung/zeitverzögertes Fernsehen („timeshifted") hat im Vergleichszeitraum 33 Prozent zugelegt.
- 18- bis 24-Jährige schauen gleich lang Videos über DVR-Systeme und über Internet, ca. fünf Stunden.
- Mit Ausnahme der Teenager steigt die traditionelle TV-Nutzung mit dem Alter; Videos über Internet werden am häufigsten von „jungen Erwachsenen" gesehen und Videos über mobile Geräte weisen den höchsten Wert bei Teenagern auf.

Susan Whiting von The Nielson Company beschreibt die Entwicklung folgendermaßen:

> Viewers appear to be choosing the best screen available for their video consumption, weighing a variety of factors, including convenience, quality and access. It is clear that TV remains

---

[61] Whiting, Susan (2009): A2/M2 Three Screen Report 1st Quarter 2009 - Television, Internet and Mobile Usage in the U.S. The Nielson Company
[62] Ebd.

the main vehicle for viewing video, although online and mobile platforms are an increasingly important complement to live home-based.[63]

Eine Studie von Microsoft bezogen auf den Medienkonsum zeigt eine für die Filmindustrie bedeutende Entwicklung:

	04-07 CAGR	2007	2008	2009	2010	2011
Watching TV	0%	11.5	11.5	11.5	11.5	11.5
Using the Internet	27%	7.0	8.9	11.2	14.2	18.0
Listening to the radio (not online)	0%	7.7	7.7	7.7	7.7	7.7
Watching movies on video or DVD	-17%	2.4	2.0	1.6	1.4	1.1
Reading newspapers (not online)	0%	2.5	2.5	2.5	2.5	2.5
Reading magazines (not online)	-6%	1.7	1.6	1.5	1.4	1.4
Playing video games	4%	1.4	1.5	1.5	1.6	1.6

Abbildung 23: Analyse zum Medienkonsumverhalten von Microsoft, Jänner 2009[64]

Während der Konsum von TV, Radio und Zeitungen stagnierte, reduzierte sich die Konsumation von Filmen auf DVD oder VHS zwischen 2004 und 2007 um beachtliche 17 Prozent. Den größten Zuwachs kann erwartungsgemäß das Internet verbuchen, etwas abgeschlagen folgen die Videospiele. Analysten von Microsoft schätzen, sollte es bei solchen Steigerungsraten bleiben, dann wird das Internet als meist genutzte Form der Mediennutzung bereits im Juni 2010 das Fernsehen überholen.

Aus folgender Abbildung lässt sich des Weiteren die Bedeutung von professionellem Content und User Generated Content in Bezug auf die Nutzungsdauer erkennen. Während in den USA, Schweden und China doppelt so lange „Premium Contents" konsumiert werden, sieht der deutsche Konsument über das Internet mehr User Generated Videos als professionell hergestellten Content (Abb. 24).

---

[63] Whiting, Susan (2008): TV, Internet and Mobile Usage In U.S. Keeps Increasing, Says Nielsen. In: http://en-us.nielsen.com/main/news/news_releases/2009/February/tv_internet_and_mobile (Stand 04.05.2009)

[64] Mangelaars, John (2009): Europe Logs on - European Internet Trends of Today and Tomorrow. Microsoft EMEA, 21

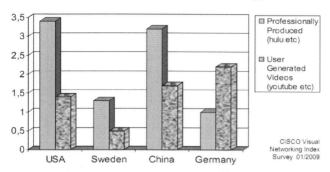

Abbildung 24: Gegenüberstellung der Konsumdauer von Premium Content und UGC in Stunden pro Woche[65]

Der Grund für die unterschiedlichen Nutzungen liegt am Angebot: Während in den USA, Schweden und China Plattformen angeboten werden, die das Konsumieren von professionellem Content kundenfreundlich anbieten, hat hier der deutsche Markt noch Aufholbedarf. Erwähnt seien hier die Plattformen Hulu.com, Joost und die Software Boxee. Während UGC-Videos meist nur wenige Minuten dauern (YouTube beschränkt UGC auf 10 min), bieten Plattformen mit professionellem Content Filme in Spielfilmlänge an.

Bezogen auf den österreichischen Markt kommt auch eine Studie der ORF-Medienforschung in Zusammenarbeit mit dem Austrian Internet Monitor zum Thema TV- und Internetnutzung zu einem ähnlichen Ergebnis wie das US-Unternehmen comScore:

---

[65] Vgl. (2008): Cisco Video Project Report. University of Southern California

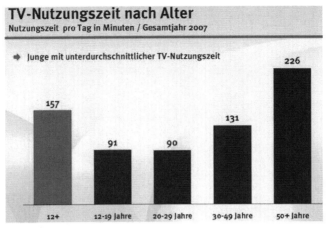

Abbildung 25: TV-Nutzungszeit nach Alter[66]

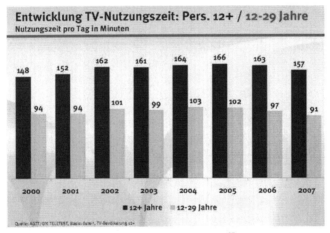

Abbildung 26: Entwicklung TV-Nutzungszeit, 12+/12-29 Jahre[67]

---

[66] Vgl. (ohne Datum): Medienbesitz und Mediennutzung der Jugendlichen in Österreich. ORF Markt- und Medienforschung
[67] ebd.

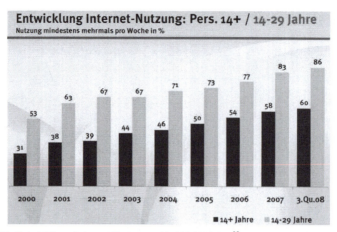

Abbildung 27: Entwicklung Internet-Nutzung: 14+/14-29 Jahre[68]

Es lässt sich feststellen, dass 12- bis 29-Jährige im Jahr 2007 im Durchschnitt nur mehr 90 Minuten traditionelles Fernsehen konsumierten, der Trend geht weiter nach unten. Die Internet-Nutzung geht jedoch steil nach oben, was keine besondere Überraschung ist. Vergleicht man nun diese Zahlen mit den österreichischen Kinobesuchen (siehe Kapitel 2), so ist festzustellen, dass sich Teenager und junge Erwachsene auch in Österreich wegbewegen von Kino und TV hin zu neuen Medien wie dem Internet.

4.3 Nutzung Videospiele und virtuelle Welten

Erlebten Videospiele lange Zeit ihren Boom vor allem durch die gesteigerte Aktivität von Teens und Teenagern, verlagert sich die Nutzung nun auch auf ältere Schichten, wie eine Studie vom 7. Dezember 2008 des „Pew Internet & American Life Project" zeigt. Demnach spielen 53 Prozent der amerikanischen Erwachsenen (18+) regelmäßig Videospiele, jeder fünfte sogar täglich. Während der Anteil der 18-bis 29-Jährigen noch bei 81 Prozent hält, fällt die Nutzung jedoch bei 65-Jährigen und 65+ auf 23 Prozent. Keine signifikanten Unterschiede in der Nutzung sind beim Vergleich der Einkommensschichten ausgemacht worden, Menschen mit höherer Bildung tendieren jedoch zu vermehrter Konsumation. Führend bleiben aber nach wie vor die unter 18-Jährigen: 97 Prozent von ihnen nutzen Videospiele.

---

[68] Vgl. (ohne Datum): Medienbesitz und Mediennutzung der Jugendlichen in Österreich. ORF Markt- und Medienforschung

Das häufigste Spielgerät über alle Altersgruppen hinweg ist nach wie vor der Computer mit 38 Prozent, gefolgt von Videokonsolen (28 Prozent), Mobiltelefon (18 Prozent) und Mobilkonsolen (13 Prozent). Bei den Jugendlichen unter 18 Jahren dominieren die Konsolen mit 89 Prozent, gefolgt von Computer (76 Prozent), mobiler Konsole (62 Prozent) und Handy (50 Prozent). Auch die jüngeren Erwachsenen bevorzugen laut Umfrage Videokonsolen zum Spielen. Eltern spielen mit 66 Prozent zudem signifikant öfter als Kinderlose, von denen nur 47 Prozent spielen, und nutzen dabei öfter unterschiedliche Geräte.

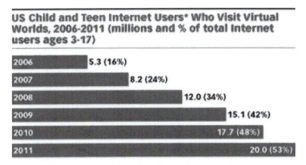

Abbildung 28: Anzahl Besucher virtueller Welten in Millionen und in Prozent der Gesamtuser, Alter 3 - 17 Jahre, 2006 - 2011[69]

Basierend auf dieser Studie aus dem Jahr 2008 wurde erstmals mit dem Verkauf von Videospielen mehr Umsatz generiert als mit dem Verkauf von Filmen auf DVD/Blu-ray. Laut einer Studie der Media Control GfK International erwirtschafteten Videospiele mit 32 Millionen Dollar einen Anteil von 53 Prozent des Gesamtumsatzes der Unterhaltungsmedien und verwiesen die Filmindustrie auf Platz zwei mit 29 Millionen (47 Prozent). Für 2009 werden 57 Prozent für Videogames vorausgesagt.[70] Der höhere Umsatz ergibt sich jedoch m.E. auch aus den höheren Preisen für ein Videospiel im Vergleich zu den Kosten einer DVD/Blu-ray. In absoluten Zahlen werden wohl nach wie vor mehr Filme verkauft werden - noch. Diese Entwicklungen sind vor allem deshalb für die Filmdistribution interessant und von nicht unwesentlicher Bedeutung, weil durch die vermehrte Konsumation von Videogames quer durch alle Altersgruppen auch Geräte in die Haushalte einziehen, die sich die Filmwirtschaft

---

[69] Williamson, Debra Aho (2007): Kids and Teens:Virtual Worlds Open New Universe. In: http://www.emarketer.com/Reports/All/Emarketer_2000437.aspx (Stand: 04.04.2009)
[70] Magiera, Marcy (2009.01.21.): Videogames sales bigger than DVD/Blue-ray for first time. In: http://www.videobusiness.com/article/CA6631456.html (Stand: 04.04.2009)

wiederum zu Nutze machen kann: Denn aktuelle Geräte können DVDs oder Blu-ray-Discs abspielen und verfügen zumeist auch über eine Internetanbindung, die den Bezug von IPTV oder Videodiensten ermöglicht und der Filmwirtschaft dadurch einen neuen Markt eröffnet bzw. diesen verstärkt.

4.4 Markt Videoplattformen

In den USA findet sich Google mit unglaublichen 6,3 Milliarden von Usern (Dezember 2008: 5,8) gesehenen Videos auf Rang eins (ergibt einen US-Marktanteil von 42,9 Prozent), wie eine Statistik von der Firma comScore Video Metrix zeigt. 99 Prozent der Videos von Google entfallen dabei auf YouTube:

Top U.S. Online Video Properties by Videos Viewed, January 2009 Total U.S. – Home/Work/University		
Property	Videos (000)	Share (%) of Videos
Total Internet	14,831,607	100.0
Google Sites	6,367,638	42.9
Fox Interactive Media	551,991	3.7
Yahoo! Sites	374,161	2.5
Viacom Digital	287,615	1.9
Microsoft Sites	267,475	1.8
HULU.COM	250,473	1.7
Turner Network	195,983	1.3
AOL LLC	184,808	1.2
Disney Online	141,452	1.0
MEGAVIDEO.COM	102,857	0.7

Tabelle 3: Top U.S. Online Video Properties by Videos Viewed, January 2009, Total U.S. – Home/Work/University [71]

Top U.S. Online Video Properties* by Unique Viewers, January 2009, Total U.S. – Home/Work/University Locations		
Property	Unique Viewers (000)	Average Videos per Viewer
Total Internet	147,322	100.7
Google Sites	101,870	62.5
Fox Interactive Media	62,109	8.9
Yahoo! Sites	41,859	8.9
Microsoft Sites	30,042	8.9
AOL LLC	27,198	6.8
HULU.COM	24,448	10.2
CBS Corporation	24,215	4.2
Viacom Digital	24,126	11.9
Turner Network	22,979	8.5
Disney Online	13,435	10.5

Tabelle 4: Top U.S. Online Video Properties* by Unique Viewers, January 2009, Total U.S. – Home/Work/University Locations [72]

---

[71] Lipsman, Andrew (2009.03.04): YouTube Surpasses 100 Million U.S. Viewers for the First Time. In: http://www.comscore.com/press/release.asp?press=2741 (Stand: 05.04.2009)
[72] ebd.

Weitere Ergebnisse der Studie:

- 76,8 Prozent der US-Internetbenutzer konsumierten Online-Videos.
- 100,19 Millionen Besucher bezogen 6,3 Milliarden Videos auf YouTube (62,6 Videos pro User)

Auch in Deutschland liegt Google mit YouTube weit vor allen anderen Mitbewerbern:

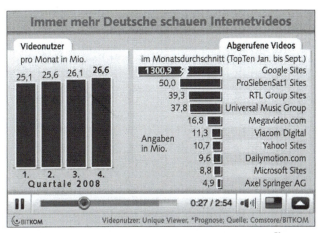

Abbildung 29: Videonutzer und abgerufene Videos in Deutschland, 2008[73]

4.5 Neues Nutzer- und Nutzungsverhalten

Ergebnisse von zahlreichen Studien belegen, dass sich das Nutzungsverhalten vor allem bei jungen Menschen geändert hat. Immer mehr Kids bewegen sich weg vom passiven Fernsehen, hin zum aktiven Agieren im Internet. Der neue Konsument wird aktiv. Joi Ito beschreibt die Veränderungen und die neue Rolle des Amateurs folgendermaßen:

> ...Amateurs are now able to express and participate and create. Wikipedia is the single most content site in the world created my amateurs and not by cooperation. Amateurs are a whole group of people who would love to participate because they love to participate. Also an important thing is the distinction between amateurs and professionals. If you look on the People who work on Linux. Many of them are Amateurs. And they work on Linux not because they can't get a job at Microsoft. It's because they love working on Linux. And since when is it better to work because you get paid than because you love your job or you love to do what you do...

---

[73] o.V. (2008.12.02.): 25 Millionen schauen Videos im Internet. In: http://www.bitkom.org/de/presse/56204_55722.aspx (Stand: 04.04.2009)

> ... If you go to the Latin root of amateur, it comes from the Latin root "to love". If people are doing things because they love to do it, people are expressing themselves because they want to get heard not because they want to be paid, that's a very noble and legitimate reason for creating content...
>
> ...what we are seeing now is basically a fundamental behaviour change. So the amateur if you think about them as the next generation of consumer... ...if you look at Karaoke as an example. The music in a Karaoke room isn't better than professionals. To be honest, you are there, because you would rather pay to express yourself then pay to sit and consume. And the reason why texting and blogging and email and all those things have become the killer applications on the internet is we want to participate, we want to be heard. And the younger generation the further you go down, they get their benefit from participating and expressing, more than they do from sitting on the couch and consuming. What we need to do is say this is the new behaviour of the new people. This is how media is generated, but also media is consumed and how we do change the way we do business, how we do change the way we think about society. How do we change the way we do government, to adapt to the behaviour of this young people for whom consumption is not natural for whom remixing and sharing and expression is the main thing they want to do on the internet because suddenly we have the tools to be able to do that...[74]

Das Nutzerverhalten während des Konsums von Medieninhalten wird oft mit den Begriffen „lean back" und „lean forward" beschrieben. Während der klassische Fernsehnutzer im Wohnzimmer sich bequem auf der Couch zurücklehnt und mit der Fernbedienung TV-Programme oder Videofilme konsumiert („lean back"), lehnt sich der Nutzer von Inhalten, die er über Computer bezieht, durch die Nutzung von Keyboard und Maus mehr nach vorne („lean forward"). Diese Definitionen haben mittlerweile an Bedeutungskraft verloren, da sich die Nutzung und somit auch das Nutzungsverhalten vor den jeweiligen Geräten mehr und mehr verändert hat. Videospiele werden nicht mehr ausschließlich am PC gespielt, Videokonsolen haben die Spiele ins Wohnzimmer verlegt. YouTube bietet mit „Screeningroom" einen Dienst an, der ganze Spielfilme bequem auf den PC streamt. YouTube will seinen Content auch über u.a. Set-Top-Boxen ins Wohnzimmer auf den TV-Schirm bringen. Dieser Service nennt sich YouTube XL, hat aber mit Lizenzproblemen zu kämpfen, da YouTube's Contentpartner und Lizenzgeber sich weigern hierfür Rechte freizugeben. Sie befürchten zu starke Konkurrenz für TV-Kanäle, die seit Jahren gute Partner für die Contentindustrie sind und dies auch bleiben sollen.

Die Aufmerksamkeitsspanne für Videos am Computer ist um ein Vielfaches kürzer als für Videos am TV. Der aktive Konsument kann das Programm leichter unterbrechen und tut dies auch sofort, wenn ihm das Programm nicht zusagt. Grund dafür ist aber auch der angebotene Content. Die Software Boxee bringt Internetcontent auf

---

[74] Ito, Joichi (2008.09.05.): Vortrag bei Ars Electronica 2008

den TV-Schirm und kombiniert die scheinbar unendliche Vielfalt mit bequemer Bedienung, wie es der Konsument vom klassischen TV gewöhnt ist. Die Software sortiert alle Inhalte nach verschiedensten Kriterien und lässt sich über Touchscreen-Handys wie dem iPhone bequem bedienen. Über ein Touch-Interface navigiert der Nutzer die Software und wählt seine Contents aus. Siehe folgende zwei Abbildungen:

Abbildung 30: Fernbedienung der Software Boxee mittels iPhone und Touch Interface[75]

Abbildung 31: Fernbedienung der Software Boxee mittels iPhone[76]

Welcher Übertragungsweg und welche Übertragungsart das Rennen um den zukünftigen Konsumenten macht, ist alles andere als entschieden. Videoinhalte über das Internet zu empfangen hat, wie auch der herkömmliche Weg über Kabel- oder Satellitenprovider, Vor- und Nachteile: Während viele Experten in gebündelten

---

[75] o.V. (2009): Screenshot aus Video: Boxee Remote iPhone. In: http://www.youtube.com/watch?v=1OL6ruHE7WA&eurl=http%3A%2F%2Fblog.boxee.tv%2F2009%2F03%2F15%2Fboxee-iphone-remote-app-available-on-the-app-store%2F&feature=player_embedded (Stand: 05.04.2009)

[76] ebd.

Angeboten (TV, Internet, VOD, Telefon) die besten Zukunftsaussichten sehen, setzen andere auf eine komplette Liberalisierung des Programms und freie Wahlmöglichkeiten für den Kunden.

Avner Ronen, Gründer und Geschäftsführer von Boxee, und Mark Cuban, Geschäftsführer und Besitzer des US-Kabelkanals HDNet, diskutierten per E-Mail über neue Nutzungsformen und welche Techniken sich durchsetzen würden. Avner Ronen veröffentlichte die recht hitzige Debatte auf seinem Blog. Da der Inhalt der Diskussion sehr deutlich die Entwicklungen und unterschiedlichen Meinungen aufzeigt, sei hier ein kurzer Auszug angeführt:

Avner Ronen:

> ...The user should and will be the one making the decisions on what he is going to pay for. While it may be bad news for some incumbents it is overall a great positive for the content industry and the consumer....
>
> ...In an Internet/on-demand world your primary concern is the quality of your content, since you are held accountable by the consumer. If consumers want your content they will be willing to pay for it either with cash or with their time (watching ads)...
>
> ...In the same way that in the Internet age printing a newspaper is an inefficient way to deliver news, building a channel and programming a 24hr schedule is an inefficient way to offer video content. I understand it is a lucrative business. You invest in 1-3 originally produced (or exclusively licensed) core programs, come up with 5-7 cheap to produce shows, license a bunch of syndicated content, get cable companies to carry it and voila! You've got a great business. But this model breaks in an on-demand world, and while it may take a few years the change is inevitable...[77]

Mark Cuban wiederum widerspricht Avner Ronan:

> ...The concept of "users always want choice" really really sounds nice. It makes for a great panel argument. But the reality is that its not true. Ultimate choice requires work. Consumers like to think they have choice, but their consumption habits say they prefer easy. YouTube is the perfect example. Millions upon millions of choices that never get seen. The videos that get posted and expected to be seen are the ones from traditional media and providers that already have an audience, ala Jon Stewart. The rest have to fight for an audience...
>
> ...Look at whats happening on YouTube. YouTube is paying to get the best content. Everyone else who is trying to make a living is giving shit away in order to build their subscriber numbers. All the young, talented and hungry, whore out their product with lame "subscribe now, please" or "subscribe now and you can win..."...[78]

---

[77] Ronen, Avner (2009.03.21.): A lively debate with Mark Cuban. In: http://blog.boxee.tv/2009/03/21/a-lively-debate-with-mark-cuban/ (Stand: 04.04.2009)
[78] ebd.

Avner Ronen:

> ..."People prefer easy over choice" argument: I don't think these are conflicting needs. People want an easy way to get the content they'd like to watch. The arrival of cable meant more choice for consumers and as the ratings prove the availability of more channels on Cable did reduce the ratings of the major networks. The Internet is the next evolution. More niche content means viewers will be able to find more content that they are really interested in watching. Finding content online is getting better, faster and easier. The fact that anybody can post a video to YouTube means millions of videos don't get watched, so what? I think it's beautiful...
>
> ...The user doesn't care whether the show he is watching is coming over cable, sat or the Internet. The user cares about the content and how much it costs. For some cost will be more important than quality (e.g. will prefer SD streaming for free vs. $ 2.99 for an episode in HD), others may feel the opposite, and the same user may make different decisions based on the specific content...[79]

Beide sind sich jedoch einig, dass TV Anywhere- oder Everywhere-Systeme große Zukunft haben. Damit kann der User das Programmangebot z.B. von einem Kabel- oder Telekomprovider über eine spezielle Software weltweit über das Internet empfangen. Egal, ob er in den USA, Deutschland oder Japan ist, egal auf welcher Hardware: Handy, PC oder TV.

Zum neuen Nutzerverhalten meint David Wolf, Senior Executive bei Accenture's Media & Entertainment und Leiter der Studie „Global Broadcast Consumer Survey 2009":

> Consumers are making choices based on what they've tried, liked and rejected and are now selecting content and its delivery platforms. If today's content services don't meet consumer expectations, it will be that much harder for providers to sell to them later, even when services improve. Providers face an urgent need to capture consumer loyalty now—and respond to changing consumption habits—or face playing catch-up against other content delivery choices. The modes of consumption that provide an alternative to the traditional TV experience are becoming part of everyday life rather than the occasional novelty. Consequently, providers in this evolving market must drive the consumer experience by offering the right type of content via the right device for a particular market.[80]

Weiters wird in der Studie die Loyalität der Zuseher zu deren Lieblingssendungen hervorgehoben. Rund 73 Prozent der Befragten gaben an, ihr Lieblingsprogramm auf mehreren verschiedenen TV-Kanälen zu konsumieren. Die richtige Sendung zu finden, wird für Zuseher immer schwieriger, sie nutzen aber noch immer traditionelle

---

[79] Ronen, Avner (2009.03.21.): A lively debate with Mark Cuban. In: http://blog.boxee.tv/2009/03/21/a-lively-debate-with-mark-cuban/ (Stand: 04.04.2009)

[80] Morgenstern, Gary/Wozman, Josh (2009.04.20.): Television Viewing Becomes Increasingly Fragmented as Overall Consumption Grows, Accenture Global Survey Finds. In: http://newsroom.accenture.com/article_display.cfm?article_id=4822 (Stand: 05.05.2009)

Instrumente wie Werbung (40 Prozent), Zapping (33 Prozent), Empfehlungen (30 Prozent) und Programmzeitschriften (28 Prozent).

5 Rechtliche Entwicklungen

Durch den technischen Fortschritt können Inhalte heute so einfach und schnell wie noch nie zuvor kopiert und transportiert werden und fordern dadurch das bestehende Urheberrecht heraus. Wenn Computer mehr und mehr in den Gestaltungsprozess kreativen Schaffens eingreifen, werden die Ergebnisse zumeist zur wirtschaftlichen Ware. Regelte das Urheberrecht früher den Bereich von Künstlern und Verlagen, so bestimmt es heute einen großen Teil der Wissens- und Kulturgesellschaft. Egal ob Handy-Videos, eBay-Auktionen oder Blogbeiträge, sie alle sind durch das Urheberrecht geschützt, denn sobald jemand ein Werk schafft, oder die daran gebundenen Nutzungsrechte erwirbt, tritt dieses Recht in Kraft. Während früher das Kopieren von Werken kaum möglich war (und wenn, nur mit Qualitätsverlust), können heute CDs oder DVDs praktisch verlustfrei vervielfältigt und zudem über das Internet verteilt werden.

Interessensverbände sehen den Ruin der Kreativen voraus, andere wiederum sehen in den neuen Möglichkeiten eine neue Form von Kreativität, die dadurch erst möglich wird. In Zeiten der digitalen Revolution bringt die Rolle des Urheberrechts auch oft Verständnisprobleme mit sich. Zwar erlaubt die Technik heute Werke zu Kopieren, zu editieren und neu zusammenzustellen, erlaubt ist dies aber per Gesetz in den meisten Fällen nicht. Junge Leute wachsen wiederum mit den neuen Techniken auf und sind sich ihrer Handlungen oft gar nicht bewusst.

> Kinder und Jugendliche sind sich über Rechte nicht bewusst oder gehen sehr flapsig damit um. Ich treffe immer wieder auf den Spruch: 'Naja, das kann man eh da oder dort runterladen.' Aber wenn man sich mit ihnen beschäftigt und es mit ihnen diskutiert, dann sehen sie es doch ein und wenn man ihnen die Alternativen zeigt, wie zum Beispiel die Creative Commons[81], dann nutzen sie das auch.[82]

Es zeigt sich, dass Schutzrechte vor allem die Interessen der Industrie wahren und den Kontrollverlust über Inhalte bändigen sollen. Einerseits verständlich, schließlich investieren Contenthersteller Gelder in ein Produkt und es ist wohl legitim, mit dem hergestellen Produkt Geld verdienen zu wollen. Andererseits behaupten Experten,

---

[81] Creative Commons = ein Lizenz-Modell, das es dem Urheber ermöglicht, die Nutzung seines Werkes zu reglementieren
[82] Pohl, Siegried (2008.09.08): Interview in ORF TV-Sendung „Kulturmontag"

dass zu weitreichende Schutzrechte Innovation und Kreativität bremsen und verhindern.

Als Erstes haben die neuen technischen Möglichkeiten (z.B. verlustfreies Kopieren und Verteilen im Internet) die Musikindustrie stark getroffen.

> Die Musikindustrie wie wir sie bisher kannten, ist tot. Die illegalen Downloads aus dem Internet oder das CD-Brennen sind nur die Oberfläche. Das Wesentliche ist, dass die Musikindustrie ein Vorreiter der Digitalkultur ist. Das heißt, dass vormals analoge Inhalte wie die Vinylschallplatte sich gewandelt haben, sie wurden zur CD. Die CD wurde kopierbar und inzwischen gibt es auch die CD nicht mehr oder nur mehr als öden Datenträger, der sozusagen Jugendliche nicht mehr interessiert. Wir erleben das Phänomen, dass die Ware verschwunden ist. [83]

Jim Griffin von Warner Music fasst die Entwicklung der Musikindustrie zusammen:

> Heutzutage ist es eine freiwillige Entscheidung, für Musik zu zahlen. Wenn ich Ihnen empfehle, eine bestimmte Band anzuhören, könnten Sie dafür bezahlen, oder auch nicht. Das ist weitgehend Ihnen überlassen. Das Musikgeschäft ist zu einer großen Sammelbüchse für Trinkgelder geworden. [84]

Auch wenn es nach wie vor Menschen gibt, die die CD nicht missen wollen, die Verkäufe gehen Jahr für Jahr zurück. Dies ist laut Jio Ito aber nicht auf die Raubkopien zurückzuführen.

> Das Konsumverhalten der Leute hat sich verändert. Sie hören heute weniger CDs und verbringen mehr Zeit im Internet. Es geht nicht so sehr darum, dass die Leute Musik aus dem Internet stehlen. Es geht darum, dass die Industrie nicht auf die veränderten Gewohnheiten reagiert hat. Die Frage des Copyright ist nur ein Nebenaspekt. Hauptaspekt ist, die Plattenindustrie versteht ihre Kunden nicht mehr. [85]

5.1 Globale Entwicklungen

Als die ersten Druckerpressen vorgestellt wurden, reichte das Urheberrecht nur soweit, wie es die Obrigkeit kontrollieren konnte. Heute sorgt ein Geflecht von Verträgen und Organisationen dafür, dass beispielsweise ein deutsches Musikstück auch in China urheberrechtlich geschützt ist – im Prinzip. Dafür haben die einzelnen Staaten umgekehrt kein völlig freies Spiel, was ihr Urheberrecht angeht.

---

[83] Gröbchen, Walter (2008.09.08.): Interview in ORF TV-Sendung „Kulturmontag"
[84] Gehring, Robert A. (2008.03.28.): Warner Music steuert auf "Kulturflatrate" zu. In: http://www.golem.de/0803/58665-2.html (Stand: 04.05.2009)
[85] Ito, Joichi (2008.09.08): Interview in ORF TV-Sendung „Kulturmontag"

Grundsätzlich gilt das Territorialprinzip: Ein Werk ist in dem Land geschützt, in dem sein Urheber Staatsbürger ist bzw. in dem das Werk erstmals veröffentlicht wurde, und für das Werk gilt das Recht des jeweiligen Landes. Im Wesentlichen handelt es sich dabei um einen völkerrechtlichen Vertrag, der zwischen verschiedenen Staaten geschlossen wurde und dem jeweiligen Urheber auch den Schutz seiner Werke im Ausland garantieren soll. Diese „Berner Übereinkunft zum Schutz von Werken der Literatur und Kunst" besteht seit 1908, seit 1974 werden alle dazugehörigen Vertragswerke von der WIPO (World Intellectual Property Organization; Weltorganisation für geistiges Eigentum) betreut – also eine lange Zeitspanne, in der sich die Grundlagen, auf denen dieser Vertrag fußt, stark verändert haben. Dementsprechend nötig ist es, den Vertrag diachronen Reformationen zu unterziehen: Bereits 1994 fügten die 151 Mitgliedsländer der WTO (World Trade Organization) dem Allgemeinen Zoll- und Handelsabkommen (GATT) einen Punkt zum Urheberrecht bei, das so bezeichnete TRIPS-Abkommen (Trade-Related Aspects of Intellectual Property Rights), das hauptsächlich auf gewerbliche Aspekte des geistigen Eigentums ausgerichtet ist und dieses regelt.

1996 kamen zwei wesentliche Zusatzverträge hinzu, die vor allem für die Verwendung der digitalen Medien eingeführt wurden bzw. die Berner Übereinkunft den Bedingungen der digitalen Medien anpassen sollten: Diese beiden Zusatzverträge nennen sich WCT (WIPO Copyright Treaty), hier erfolgt die genaue Regelung für Literatur, Software und Datenbanken, und WPPT (WIPO Performance and Phonogram Treaty), geregelt werden in diesem Zusatzvertrag Musik, Tonträger und Aufführungsrechte.

Ein weiterer Versuch, das Urheberrecht den aktuellen, technischen Entwicklungen der Medienwelt anzupassen, wurde mit der EU-Richtlinie „zur Harmonisierung bestimmter Aspekte des Urheberrechts und der verwandten Schutzrechte in der Informationsgesellschaft" unternommen. Die wesentlichen Statuten dieser Richtlinie sind die erstmalige Erwähnung der neuen Verwendungsart „Verbreitung im Internet", sowie neue Regelungen bezüglich Privatkopien. So schreibt die EU-Richtlinie fest, dass legal erworbene Filme mit Kopierschutz auch für Privatzwecke nicht mehr kopiert werden dürfen. Vorher war das möglich.

Hinzu kommt das IPRED-Gesetz (Directive on the enforcement of intellectual property rights), ebenfalls eine Richtlinie der EU, das Provider gesetzlich dazu verpflichtet, die Kontaktdaten der User, die Urheberrechtsverletzungen begangen haben, der Contentindustrie, also Musik- oder Filmindustrie, auf Anfrage hin preiszugeben, wodurch in der Folge dann auch zivilrechtliche Schritte gegen jene User eingeleitet werden können. Umgesetzt wurde das IPRED bereits in Holland, England, Frankreich und Schweden.

ACTA ist wiederum ein internationales Anti-Piraterie-Abkommen, das derzeit zwischen der EU, der USA, der Schweiz, Japan und Kanada verhandelt wird. Dabei handelt es sich quasi um einen Generalangriff auf alles, was mit Piraterie zu tun hat. Die Verhandlungen zu dem Abkommen finden unter Ausschluss der Öffentlichkeit statt. Kritiker vermuten, man möchte sich dadurch die Verhandlungen nicht unnötig komplizierter machen, und protestieren lautstark sowohl gegen diesen Vorgang als auch gegen das Abkommen. Kontrollen am Flughafenzoll, Gefängnisstrafen für das Abfilmen von Filmen in Kinos soll unter anderem in Entwürfen Inhalt des Abkommens sein.

5.2 Three Strikes

Frankreich leistet im Filmbereich auf vielen Gebieten Pionierarbeit. Nun prescht der Staat auch in Sachen Urheberrechtsverletzungen vor, indem ein Gesetz eingeführt werden soll, das bei Urheberrechtsvergehen, wie illegalen Downloads, nach dreimaliger Mahnung dem Internet-Nutzer, ohne Einbindung eines ordentlichen Gerichts, den Zugang bis zu einem Jahr sperrt.

Laut französischem Kulturministerium soll diese Aktion abschreckend wirken und legale Angebote fördern. Das Gesetz beruht auf einem Abkommen mit der französischen Musik- und Filmindustrie, die im Gegenzug auf Kopierschutz-Regelungen verzichten will. Während in England und Irland ebenfalls über eine Einführung des „Three Strikes"-Modells diskutiert wird, strebt man in Deutschland weiterhin kein System der "abgestuften Erwiderung" auf illegale Filesharing-Aktivitäten an und begründet dies mit dem Argument, dass das französische Modell gegen die hiesigen Bestimmungen des Datenschutzes und gegen das Fernmeldegeheimnis verstoßen würde.

In Österreich forderte zuletzt der Verein für Anti-Piraterie der Film- und Videobranche (VAP) eine Einführung von Internet-Sperren nach französischem Vorbild. In einer Aussendung erwiderte der Verband der Internet-Anbieter auf die Forderung des VAP: "Ein Internet-Service-Provider hat weder das Recht noch die Möglichkeit zu überprüfen, welche Daten von seinen Kunden im Internet abgerufen oder zur Verfügung gestellt werden."[86] Für die Provider und damit auch für deren Kunden wird es jedoch eng, schließlich soll genau dies mit dem ACTA-Abkommen möglich gemacht werden. Und auch der Beschluss des Europäischen Gerichtshofs vom 19. 2. 2009 legt fest, dass Provider bei Vergehen durch Kunden grundsätzlich auskunftspflichtig sind. Auch die sehr strittige Auskunftspflicht direkt an Private wurde bejaht, obwohl in den diversen Richtlinien nur eine Auskunftspflicht an Gerichte und Behörden vorgesehen ist.

5.3 DRM

Das Digital Rights Management (DRM) ist ein Verfahren, mit dem die Nutzung und Verbreitung von digitalen Inhalten geregelt werden soll. DRM-Systeme sollen einerseits die unrechtmäßige Vervielfältigung von urheberrechtlich geschütztem Material verhindern, außerdem ermöglichen DRM genaue Nutzungskontrolle und Nutzungswerkverwaltung von Inhalten.

Durch die Digitalisierung und die erschwinglichen Preise von Home Computern wurde es für jedermann möglich, Inhalte ohne Qualitätsverlust zu kopieren. Durch die Entwicklung des Internets erfuhren Tauschbörsen wie Napster starken Zulauf, wo zum großen Teil urheberrechtlich geschützte Werke ohne Kosten für den Endverbraucher feilgeboten wurden. Der Ruf der Industrie nach Systemen zur Rechtekontrolle wurde lauter.

DRM-Systeme regeln die Weitergabe und den Zugriff auf digitale Inhalte durch:

---

[86] Einzinger, Kurt (2008.08.26.): ISPA weist überzogene Forderungen der Filmindustrie zurück. In: http://www.google.at/url?sa=U&start=1&q=http://www.ispa.at/index.php%3Fid%3D1189&ei=aqn2S cTIN4Sz-QbFt7W8Dw&sig2=KEzYFie0uAQ0Lg0KrnZK- g&usg=AFQjCNFnoNvDEQOSF5ZDv_uG2nruzoKcLA (Stand: 04.01.2009)

- Zugangssteuerung: Wer erhält Zugriff?
- Nutzungssteuerung: Was darf mit Inhalten gemacht werden? Abspielrecht, Transportrecht, Recht das Werk zu extrahieren
- Abrechnungssteuerung: nutzungsabhängige Bezahlmodelle wie Pay-Per-View, Pay-Per-Click etc.

Kritiker bemängeln unter anderem die fehlende Interkompatibilität unter verschiedenen Geräten. So lassen sich erworbene Lizenzen oftmals nicht auf unterschiedlichen Abspielgeräten nutzen. Außerdem sind Konsumenten oft durch die Nutzung von DRM-Systemen an bestimmte Händler gebunden, je nachdem, mit welchem Hardware-Hersteller Verträge geschlossen wurden. DRM-Systeme verlangen oftmals auch bestimmte Programme und Zusatzinstallationen, wie folgende Abbildung zeigt. Mit dem Webbrowser Firefox ist die Nutzung des größten VOD-Anbieters Europas, maxdome, nicht möglich. Damit fällt das Unternehmen um viele potentielle Kunden um.

Abbildung 32: Screenshot von maxdome.de, abgerufen in Österreich beim Versuch einen Film abzuspielen[87]

Dem User Zusatzinstallationen aufzubrummen hat sich schon bei der Videoplattform „Joost" als Missgeschick erwiesen. Während der ohne Zusatzinstallationen auskommende Videodienst „hulu" großen Zuseherzuwachs aufwies, stagnierte die Seherzahl bei „Joost", da der User zuerst ein Programm installieren musste. „Joost" reagierte und bot seine Services nun auch webbasiert und ohne große Umwege an.

---

[87] o.V. (2009): Screenshot maxdome.de. In: https://account.maxdome.de/play/serie/audl/video/29566/?item=annaunddieli_27827_2009&channel=MXDSeries&mxdsid=ABAC00FF057AFA8319564CD567AF1BAF.a05d10t51 (Stand: 04.05.2009)

Während sich die Anbieter von Inhalten noch immer stark für DRM-Systeme einsetzen, dürfte der Trend in Richtung DRM-freier Inhaltevertrieb fortfahren. So hatte Apple auf Druck der Contentlieferanten bei der Einführung von iTunes noch stark auf DRM gesetzt, mittlerweile bietet man aber mit „iTunes plus" DRM-freie Musik gegen einen Aufpreis von 30 Cent an (Normalpreis pro Musiktitel 99 Cent).[88]

5.4 Offene Systeme - Creative Commons

Digitales Rechtemanagement (DRM)		Open Source / Open Content
Individuelle Kontrolle	Philosophie	Offenheit, kollektive Kollaboration
Kopierschranke in Datenträgern und Geräten	Technik	Offene Standards, offener Quellcode
Detaillierte Lizenz- & Nutzungsvereinbarungen	Recht	Open-Content- & Open-Source-Lizenzen erlauben Einsicht, Verbreitung, Bearbeitung (GNU GPL, Creative Commons, etc.)
Zahlung pro Nutzung: Pay-per-view, Micropayments	Wirtschaft	Nutzung ist kostenfrei, Geld wird verdient mit Werbung, Spenden, Services, lokaler Anpassung
Klare Trennung Produzent/Nutzer, potenziell jeder Vorgang wird kontrolliert, lizensiert, erfasst, gemessen	Produktion & Nutzung	Grenze Produzent/Nutzer verschwimmt Mashups, Remixes, nutzergenerierte Inhalte

Abbildung 33: Unterschiede DRM – Open Source[89]

Als Gegenmodell zu den DRM-Systemen haben sich offene Modelle wie Creative Commons (CC) entwickelt. Creative Commons ist eine Non-Profit-Organisation, die sich zum Ziel gesetzt hat, dass kreative Werke unter neuen Bedingungen leichter verbreitet werden können. Durch neue technologische Möglichkeiten bei der Produktion und im Vertrieb und geänderte Marktbedingungen wurde es für viele notwendig, neue Rahmenbedingungen anzubieten.

Zentraler Punkt der von Creative Commons eingeführten Lizenzmodelle: Der Urheber entscheidet selbst, wie, wem und unter welchen Bedingungen er sein geschaffenes Werk zur Verfügung stellen will. Derzeit existieren sechs Lizenzmodelle, die die

---

[88] Kremp, Matthias (2007.04.02.): Apple startet Musikverkauf ohne Kopierschutz. In: http://www.spiegel.de/netzwelt/web/0,1518,475214,00.html (Stand 22.04.2009)
[89] Deterding, Sebastian/Otto, Philipp (2007): Urheberrecht und Digitalisierung. Bpb: Bundeszentrale für politische Bildung. In: http://www.bpb.de/themen/6CJCCF,0,Urheberrecht_und_Digitalisierung.html (Stand: 22.04.2009)

Nutzung und Verwertung des geschaffenen Werkes regeln sollen. Seit der dritten Version der Lizenzmodelle ist bei allen eine Namensnennung des Urhebers vorgeschrieben. Die sechs Modelle sind:

sa= sharealike, nd=no derivates, by=Urheber, nc=non commercial

- „By": Nennung des Urhebers

Das Modell „by" ist das offenste Modell und schreibt lediglich die Nennung des Autors vor. Jegliche Nutzung, Weitergabe, Bearbeitung des Werks ist sowohl kommerziell als auch nicht-kommerziell erlaubt.

- „By-sa": Weitergabe des Werks unter gleichen Bedingungen

Ident mit dem „by"-Modell, jedoch muss das neu geschaffene Werk unter den gleichen Bedingungen weitergegeben werden.

- „By-nd": keine Bearbeitung des Werks erlaubt

Hier wird die Verwertung kommerziell und nicht-kommerziell erlaubt. Änderungen am Werk sind nicht erlaubt

- „By-nc": keine kommerzielle Nutzung erlaubt

Basiert auf dem „by"-Modell, eine kommerzielle Nutzung ist jedoch nicht erlaubt.

- „By-nc-sa": keine kommerzielle Nutzung erlaubt, Weitergabe des Werks unter gleichen Bedingungen erlaubt

Diese Lizenz erlaubt das Bearbeiten, Verwenden und Einbauen in das eigene Werk unter nicht kommerzieller Nutzung. Der Autor muss genannt werden und das neu entstandene Werk unter den gleichen Bedingungen weitergegeben werden. Zum Unterschied zur by-nc-nd-Regelung können hier Änderungen wie Remixe, Übersetzungen und Ähnliches gemacht werden.

- „By-nc-nd": Namensnennung, nicht kommerziell, keine Bearbeitung

Diese Lizenz (auch „gratis Werbung" genannt) ist die restriktivste der sechs Modelle, sie erlaubt lediglich den Vertrieb. User können das Werk downloaden und teilen, müssen den Autor erwähnen und zu ihm verlinken. Erlöse generieren ist für den User verboten.

Eine Nutzung der CC-Modelle und gleichzeitige Mitgliedschaft bei Verwertungsgesellschaften ist jedoch ausgeschlossen.

> Viele Künstler haben gesagt, dass ihre Werke unter der Creative-Commons-Lizenz stehen, sind aber gleichzeitig bei der AKM dabei. Das Wissen der Künstler, dass dies nicht möglich ist, ist einfach nicht da. [90]

Dies ist die Meinung von Martin Aschauer, Gründer der Creative Commons-Musikplattform „Orangemusic.at", die wegen mangelnden Erfolges nach einem Jahr wieder eingestellt werden musste. Ausbleibende Einnahmen und Sponsorenausfälle hatten die Schließung per 1. April 2009 zur Folge.

Oft wird an den CC-Modellen kritisiert, dass sie sich nur an Amateure wenden und eine professionelle Vermarktung ausschließen. Netztheoretiker Geert Lovink nimmt gegenüber den CC-Modellen eine skeptische Position ein:

> Weil sie sich nur an die sogenannten Amateure richten und dass diese Leute Zugang zu der Kultur haben sollen. Dass sie etwa ein Musikstück von Madonna kopieren und bearbeiten dürfen. Damit habe ich kein Problem. Der Punkt ist, dass Creative Commons von Leuten, die sich professionalisieren und mit ihrer Arbeit Geld verdienen wollen, nichts wissen will. Es geht in den kreativen Industrien auch um die Erschaffung von neuen Berufen. Creative Commons nimmt das nicht wahr, und das hat bestimmte ideologische Gründe.[91]

Auch das Beispiel Michael Moore mit seinem Film „Slacker Uprising" wird oftmals als erfolgreiches Beispiel in Zusammenhang mit CC genannt. Er stellte den Film drei Wochen lang ins Internet und ermöglichte den Menschen, seine Anti-Bush-Kampagne kostenlos zu sehen. Naturgemäß fand diese Form der Verbreitung große Zustimmung bei Konsumenten und Creative Commons-Experten. Dass er dadurch weniger verdient hat, ist Fakt, stört Michael Moore aber nicht allzu sehr. Schließlich war für Moore bei dem Filmprojekt die Mobilisierung von Bush-Gegnern während der US-Präsidentschaftswahlen im November 2004 wichtiger als ein möglicher finanzieller Erfolg.

---

[90] Wimmer, Barbara (2009.13.19.): Ende für Creative-Commons-Musikplattform. In: http://futurezone.orf.at/stories/1503416/ (Stand: 12.04.2009)
[91] Dax, Patrick (2009.03.30.): Für Inhalte wird nichts bezahlt. In: http://futurezone.orf.at/stories/1503582/ (Stand: 12.04.2009)

5.5 Filesharing

Die Diskussion, ob Filesharing, also der Austausch von Daten über Peer-to-peer-Netzwerke, illegal und somit strafbar ist, ist schon fast so alt wie das Internet selbst. Eines der ersten Filesharing-Systeme war Napster, mit dessen Hilfe das Austauschen von Audio- und Videoinhalten erstmals für den technisch nicht so versierten Heimanwender möglich wurde. Aktuell ist das P2P-Netzwerk BitTorrent („Datenflut") eines der verbreitetsten und meist benutzten Systeme. Dieses funktioniert nach dem Server-Client-Prinzip, d.h. ein Server (Tracker) verwaltet Informationen zu Dateien, z.B. wo und wer eine bestimmte Datei verteilt. Der Client (das Programm am Computer) wiederum nutzt diese Informationen und startet den Download bzw. den Upload. Die Dateien werden nicht zentral von einem Server geladen, sondern durch sogenannte Peers (Clients und Server) verteilt.

Bezüglich der Verantwortung beim Kopieren von urheberrechtlich geschützten Dateien wird zwischen der personellen und der sachlichen Verantwortung differenziert. Die personelle Verantwortung betrifft den Filesharer selbst, den Anschlussinhaber des Internetzugangs, den Hersteller der verwendeten Software und den Internetanbieter (Provider). Bei sachlicher Verantwortung wird unterschieden zwischen dem Empfangen (Download) von Dateien und dem Zur-Verfügung-Stellen (Upload) von Dateien.

Der Schwerpunkt der gerichtlichen Prozesse seitens der Musik- und Filmindustrie wird dabei auf Uploader gelegt, also Personen, die Dateien über das Internet zur Verfügung stellen. Das Herunterladen wird in der Praxis nicht verfolgt, wobei in der Regel jeder Downloader automatisch auch einen Upload betreibt. Kann dem User ein Upload nachgewiesen werden, riskiert er, juristisch zur Verantwortung gezogen zu werden.

Ob und wie User, Download-Plattformen, Internetanbieter oder Softwarehersteller zur Verantwortung gezogen werden können oder Internetprovider die Daten der Vertragspartner herausgeben müssen, wird in Europa laufend debattiert und in weiterer Folge werden verschiedene EU-Richtlinien erlassen. (vgl. 5.1 und 5.2) Des Weiteren bringen national unterschiedliche Gesetze naturgemäß (noch) unterschiedliche rechtliche Bedingungen und somit keine einheitliche globale Regelung. Während ein

Gericht in den Niederlanden die umstrittene Download-Software KaZaA für nicht illegal und den Autor für nicht haftbar erklärte, kann ein Urteil in einem anderen Land genau anders herum ausfallen.

Mit großer Spannung wurde aktuell der Prozess gegen einen der größten Tracker verfolgt: Der schwedischen Plattform „The Pirate Bay" wird zur Last gelegt, den Austausch von urheberrechtlich geschütztem Material gefördert zu haben, konkret lautete der Vorwurf: „Beihilfe zur Verletzung des Urheberrechts". Ein schwedisches Gericht sprach schließlich im April 2009 die vier Angeklagten schuldig und verhängte Haft- und Geldstrafen. Die Angeklagten machten von ihrem Einspruchsrecht Gebrauch und wollen, wie auch die Kläger, das Verfahren durch alle Instanzen bringen. Ein endgültiges Urteil ist also in nächster Zeit nicht zu erwarten, Pirate Bay existiert bis dahin weiter.[92] Für den Fall, dass Pirate Bay tatsächlich für illegal erklärt wird, haben die Betreiber bereits Pläne ausgearbeitet: Sie wollen die Seite einfach in ein Land übersiedeln, in dem sie keine rechtlichen Auseinandersetzungen zu befürchten haben. Experten meinen zudem, dass Pirate Bay durch den Prozess, der weltweite mediale Aufmerksamkeit erregte, an Bekanntheit gewonnen hat und somit neue User gewinnen konnte. Die Musik- und Filmindustrie hat sich dadurch selbst nichts Gutes getan. Ob durch Piraterie der Industrie Geld verloren geht und warum genau gegenteilige Behauptungen aufgestellt werden, wird in den Kapiteln 8.5 und 9.6 behandelt.

---

[92] Briegleb, Volker (2009.04.17.): Pirate Bay: Berufung gegen "bizarres Urteil". In: http://www.heise.de/newsticker/Pirate-Bay-Berufung-gegen-bizarres-Urteil--/meldung/136352 (Stand: 05.05.2009)

6 Strukturwandel der Filmindustrie

6.1 Ein neues Major-Studio

Ein traditionelles Filmstudio ist im Wesentlichen ein großes Netzwerk aus Profis, Infrastruktur, Wissen und Kreativität. Es kennt den weltweiten Markt und seine Bedürfnisse, hat jahrzehntelange Erfahrung in Entwicklung und Herstellung und weiß vor allem auch, wie man Filme als Produkte verpackt und verkauft. Einer der wichtigsten Aspekte des Systems der Filmstudios ist aber: Sie haben Zugang zu umfangreichen Finanzmitteln, um Filmerechte kaufen und anschließend herstellen und vertreiben zu können.

Dieses sich seit Jahrzehnten bewährende System scheint nun von einer neuen Kraft aufgebrochen zu werden. Die letzten Jahre hat sich am Markt ein neues Studio etabliert, das der herkömmlichen Form in keiner Weise ähnelt. Weder hat es einen Firmensitz, noch einen mächtigen Firmenboss. Es ist ein neues Kollektiv aus Netzwerken, Nutzern, Software, Informationen, Wissen – nämlich, das Internet. Die großen Stärken des neuen Studios: Es hat Zugang zum weltweiten Markt, ist unabhängig von Thema und Inhalt und arbeitet meritokratisch.

Der Regisseur in Österreich kann so z.B. über das Internet mit seinem Kameramann in Venezuela Filmlooks vergleichen oder sich mit seinem Drehbuchautor über das Script austauschen und Änderungen schnell und einfach vornehmen. Filmemacher können durch die digitale Distribution nun plötzlich direkt Millionen von Zusehern erreichen, egal ob in New York City oder auch im kleinsten Dorf am Land.

6.2 Die Demokratisierung in der Produktion und im Vertrieb

Die Digitalisierung hat auch in der Filmherstellung einige Änderungen mit sich gebracht. Die Bedingungen, die sich durch die digitale Revolution ergeben, ermöglichen teilweise einfacheres und kostengünstigeres Arbeiten für den Filmemacher. Mussten noch vor ein paar Jahren einige tausend Euro allein für die Miete der Kamera ausgegeben werden, so bekommt man heute für das gleiche Geld eine digitale Kamera zum Kaufpreis. Der Eintritt in die Welt des Produzierens ist aufgrund der leistbaren Produktionsmittel – zumindest theoretisch - absolut in den Bereich des

Möglichen gerückt. Noch nie war es so einfach und günstig Filme herzustellen. Und vor allem für den Amateur ist es plötzlich leistbar geworden, Filme zu machen, die auch den professionellen, technischen Qualitätskriterien entsprechen bzw. ihnen sehr nahe kommen.

In seinem Bestseller „The Long Tail" schreibt Chris Anderson über die neuen Produzenten und drei Wirkungsmechanismen, die den Effekt des Long Tails bewirken. Der Long Tail besagt, dass, verbunden mit der Demokratisierung in Produktion und Vertrieb, die Summe aller Nischenprodukte in Zukunft wichtiger sein wird als die Summe der Hit-Produkte. Der Begriff Long Tail beschreibt in der Statistik eine Kurve, die am Kopf sehr steil ist, dann jedoch schnell abfällt und gegen Null geht, aber nie Null erreicht. Anderson beschreibt den Long Tail-Effekt wie folgt:

> In der Statistik werden solche Kurven zur Häufigkeitsverteilung „Long Tailed" bezeichnet, weil der Schwanz der Kurve im Vergleich zu ihrer Spitze sehr lang ist, ein regelrechter Rattenschwanz. Ich konzentrierte mich auf diesen „Schwanz", machte ihn zum festen Begriff, und der „Long Tail" war geboren.[93]

Abbildung 34: The Long Tail[94]

Anderson stützt seine – im Bestseller angeführten – Erkenntnisse im Wesentlichen auf drei Faktoren:

---

[93] Anderson, Chris (2006): The Long Tail – Der lange Schwanz, 11
[94] Anderson, Chris (kein Datum): About Me. In: http://www.thelongtail.com/about.html (Stand: 12.12.2009)

Wirkmechanismus	Bereich	Beispiel
1. Demokratisierung der Produktion	*Entwickler von Tools für den Long-Tail-Produzenten*	Digitale Videokameras, Software zum Komponieren, Bearbeiten und Aufnehmen von Musik, Software zur Bearbeitung von Videos, Blogging Tools
2. Demokratisierung des Vertriebs	*Long-Tail-Aggregatoren*	Amazon, eBay, iTunes, Netflix
3. Verbindung von Angebot und Nachfrage	*Long-Tail-Filter*	Google, Blogs, Empfehlungen bei Rhapsody, Bestsellerlisten

Abbildung 35: Die drei Wirkungsmechanismen des Long Tails[95]

Zum einen kann heute jeder auf die notwenigen Produktionsmittel zurückgreifen, die benötigt werden, um etwas herzustellen. Jeder wird durch erschwingliche Hard- und Software plötzlich zum Produzenten. Als wegweisendes Beispiel dieses Demokratisierungs-Prozesses im Internet führt Anderson das Online-Lexikon Wikipedia an. Bis zu diesem Zeitpunkt oblag es stets den großen Verlagshäusern umfangreiche und damit normative Nachschlagewerke zu verlegen, nun aber stellte das weltweite – nicht von Verlagen autorisierte – offene Kollektiv eben jenes Produkt her. Anhand dieses Exempels lässt sich statuieren, dass anstelle elitärer Experten nun das offene Kollektiv, das neben jenen bereits genannten Experten also auch interessierte Laien umfasst, gesetzt wird und damit im Sinne des alten Griechenlands der Demos die zentrale Rolle übernimmt.

> Instead of clearly delineated lines of authority, Wikipedia depends on radical decentralization and self-organization - open source in its purest form. Most encyclopedias start to fossilize the moment they're printed on a page. But add Wiki software and some helping hands and you get something self-repairing and almost alive. A different production model creates a model that's fluid, fast, fixable and free.[96]

> Demokratisierung ist also der Inbegriff aller Aktivitäten, deren Ziel es ist, autoritäre Herrschaftsstrukturen zu ersetzen durch Formen der Herrschaftskontrolle von »unten«, der gesellschaftlichen Mitbestimmung, Kooperation und - wo immer möglich - durch freie Selbstbestimmung.[97]

---

[95] Anderson, Chris (2006): The Long Tail – Der lange Schwanz, 67
[96] Pink, Daniel H. (2005): The Book stops here. In: http://www.wired.com/wired/archive/13.03/wiki.html?pg=2&topic=wiki&topic_set= (Stand: 05.05.2009)
[97] Vilmar, Fritz (1973): Strategien der Demokratisierung. Band I, 102

Im Bezug auf Wikipedia und der sogenannten Demokratisierung des Wissens merkt Hans-Ulrich Wehler jedoch kritisch an, dass „die Bürger mit der Informationsflut nichts anfangen, wenn sie nicht gelernt haben, damit umzugehen. Sie müssen eine Auswahl treffen, interpretieren. Das setzt intellektuelle Fertigkeiten voraus, die mit dem technischen Zugang zu den Informationen nichts zu tun haben."[98]

Zum anderen liegt die Stärke des Long Tails in der Breite des Sortiments. Der Online-Vertrieb ermöglicht enormes Sparpotential beim Verkaufsprozess, da durch die Digitalisierung keine Lager mehr benötigt werden. Filme oder Musik-CDs werden anstatt in räumlich begrenzten Geschäftslokalen auf Servern mit praktisch unbegrenzter Kapazität gespeichert. Durch eine spezielle Software wird die unendliche Datenmenge für den Kunden katalogisiert und aufbereitet. Hohe Mieten für Geschäftslokale und teure Transportkosten für Güter wie DVDs, CDs oder Bücher entfallen damit komplett. Dass der traditionelle Einzelhandel aufgrund der begrenzten Lagerfläche auf Bestseller setzt, erscheint logisch. Schließlich findet das 80:20-Prinzip[99] auch hier Anwendung: Mit 20 Prozent der Waren erzielt man 80 Prozent des Umsatzes und Gewinnes. Die restlichen 80 Prozent der Produkte fallen somit mangels Rentabilität meist durch und werden über herkömmliche Läden oft gar nicht vertrieben. Die Kraft des Long Tails sind laut Anderson nun aber genau diese 80 Prozent, da erstmals ein bisher nicht bedientes Nachfragepotential bedient werden kann. Lager- und Vertriebskosten von Online-Händlern tendieren gegen Null, daher kann ihr Sortiment unendlich viele Titel führen, ohne dass es zu Kostenexplosionen kommt. So listet Apples iTunes-Store zurzeit über acht Millionen Musik-Titel. Hier kann selbst Walmart, einer der größten traditionellen Händler der USA, mit 10.000 CDs in den Verkaufsregalen[100] bei weitem nicht mithalten.

Der dritte Wirkungsmechanismus des Long Tails besagt, dass sich durch den digitalen Vertrieb die Form der Nachfragekurve verändert. Kunden, die Nischenprodukte schätzen und kaufen, werden dies öfter tun als bei Massenware, da es in Nischen durch die Vereinfachung der Distribution viel mehr ausgefallene, ihren

---

[98] Ewert, Burkhard/Müller, Anja (2001.01.22.): Interview: Keine echte Revolution. In: http://www.handelsblatt.com/archiv/interview-keine-echte-revolution;452378 (Stand 12.02.2009)
[99] Nach dem Pareto-Prinzip machen 20% der Kunden eines Unternehmens 80% des Umsatzes aus. 20% der Websites im Internet machen 80% des Datenvolumens aus. 80% der Verarbeitung in einem Computer wird durch 20% der Befehle abgearbeitet.
[100] Anderson, Chris (2006): The Long Tail – Der lange Schwanz, 8

Anforderungen entsprechende Produkte gibt. Und da diese Produkte besser ihren Vorlieben entsprechen, werden sie mehr davon abfragen. Die Form des Long Tails ändert sich also dahingehend, dass die Kurve am Beginn noch steiler wird und der Schwanz noch länger, und eben auch dicker. Die Bestseller und Top-Hits verlieren gegenüber den Nischenprodukten, laut Anderson das Ende der Blockbuster und die Chance der Amateure und unabhängigen Produzenten.

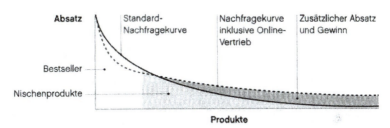

Abbildung 36: Die Form der Nachfragekurve verändert sich[101]

Der in den einschlägigen Medien als revolutionär und durchwegs positiv propagierte Long Tail bringt allerdings auch Problemstellungen mit sich und funktioniert in der Realität bei weitem nicht so gut, wie die Theorie uns glauben machen will. Eine gezielte kritische Analyse des Long Tails, sowie Gegenmeinungen zu diesem Modell und die tatsächlichen Auswirkungen auf die Filmindustrie werden ausführlich in Kapitel 8.3 erläutert.

6.3 No/Micro/Low Budget Films

Oftmals waren fehlendes Geld und fehlende Vertriebsmöglichkeiten Gründe dafür, warum Filmemacher an einer Filmherstellung scheiterten. Durch den Demokratisierungs- und Digitalisierungsprozess ist es nun für jedermann leistbar geworden, Filme herzustellen.

Während es schwer ist, den Begriff „Low Budget" zu definieren, sind die Begriffe „No Budget" und „Micro Budget" selbsterklärend und bekommen durch die Digitalisierung eine immer wichtigere Bedeutung. Denn ein Großteil der Filme, die durch den Prozess der Digitalisierung entstehen, ist in genau jenem Bereich angesiedelt.

---

[101] Elberse, Anita (2008.07.29.): Das Märchen vom Long Tail. in: Harvard Business manager, 32

Während No-Budget-Filme mit fast keinem Budget auskommen müssen, werden Micro Budget-Filme mit ein paar hundert Euro finanziert. Das Equipment ist meist im Eigenbesitz, als Schauspieler fungieren Freunde, die Locations sind oft die eigenen Wohnungen oder Häuser. Diese Art der Herstellung ist nicht gänzlich neu, schon vor der Digitalisierung wurden kostengünstige Filme hergestellt, z.B. an Filmhochschulen. Doch der Einstieg ins Filmemachen ist zweifellos durch den Fortschritt der Technik erleichtert worden. Die Investition des Filmemachers ist hier also nicht das eingesetzte Budget, sondern die aufgebrachte Arbeitszeit.

Es steht außer Frage, dass durch die Digitalisierung auf dem Filmsektor große Kosteneinsparungen ermöglicht werden. Dennoch ist es ein Irrglaube anzunehmen, dass professionell hergestellte Low Budget-Filme insgesamt billiger werden: Ihre Grundkosten bleiben bestehen- nach wie vor -, denn Teammitglieder, Rechte u.Ä. müssen bezahlt werden. Das Einzige, das definitiv günstiger wird, ist das Equipment und das Material. Aber das ist zumeist der berühmte Tropfen auf dem heißen Stein. Zudem setzen sich die digitalen Herstellungsmethoden - entgegen vieler Annahmen - erst in einem nach und nach aufkeimenden Prozess durch und Kosteneinsparungen bezüglich der o.a. Positionen „Equipment" und „Material" sind erst in den nächsten Jahren zu erwarten.

Während professionell hergestellte Kinofilme weiterhin auf die bestehenden Strukturen zurückgreifen (siehe Kapitel 2.4), ergeben sich durch die Digitalisierung, wenn auch sehr langsam, neue Finanzierungsformen.

6.4 Neue Finanzierungsformen

Die Digitalisierung hat ohne Zweifel die Produktion und den Vertrieb revolutioniert. Bei der Finanzierung von Projekten sind die Entwicklungen aber noch in den Kinderschuhen. Noch sind die Erlöse zu gering, dass sich dadurch entsprechende Finanzierungsformen herausgebildet hätten. Dennoch wurden neue Konzepte entwickelt bzw. sie sind einfach entstanden. „Crowd Financing" wird ein immer wichtigerer Aspekt bei der Finanzierung von Filmprojekten. Dabei werden die Kosten des Projekts auf viele einzelne Investoren verteilt, meistens Privatpersonen, die sogenannte Micro-Payments leisten. Dabei handelt es sich eigentlich um Spenden, denn es kann, muss aber keine Gegenleistung geben. Die sieht im besten Fall eine

Gewinnbeteiligung vor, in den meisten Fällen wird jedoch die Nennung in den Credits oder eine DVD angeboten. Aber um das Verdienen geht es den Unterstützern sowieso nicht in erster Linie. Filme werden von Privatpersonen unterstützt, weil sie die Geschichte oder das Thema wichtig finden. Identifikation mit Ideen ermöglicht dadurch nicht nur die Herstellung des Films, es gibt den Filmemachern und Menschen die Möglichkeit eine politische Plattform zu schaffen. So konnten die britischen Do-it-yourself-Filmemacherinnen Lizzie Gillett und Franny Armstrong für ihren Dokumentarfilm „The Age of Stupid" zuerst die Entwicklung, dann die Produktion und später den Vertrieb mit insgesamt 590.000 Pfund[102] finanzieren. Der Film behandelt die Auswirkungen der globalen Erwärmung und konnte mit dem Thema offensichtlich beim Publikum punkten. Mittlerweile läuft das Fund-Raising für eine „Not Stupid"-Kampagne rund um das Thema und den Film. Das Ziel von 450.000 Pfund scheint nicht mehr in weiter Ferne, knapp die Hälfte wurde bereits überwiesen. Mit „Celluloid Dreams" hat der Film einen renommierten Weltvertrieb gefunden, weltweite Kinostarts sind ebenso fixiert.

Crowed Financing (oder Crowed Funding) ist nicht neu und Filmemacher sind keineswegs die Einzigen, die sich für diese Finanzierungsform begeistern können. US-Politiker bringen einen Großteil ihrer Wahlkampf-Budgets durch kleine Spenden aus dem Internet auf – Obama konnte alleine in Februar 2008 55 Millionen Dollar durch Crowd Funding einnehmen, 80 Prozent davon kamen aus dem Internet.[103]

Dr. Söören Auer, Wissenschaftler am Computer- und Informationsfachbereich der Universität Pennsylvania, weist im taz.de-Interview auf ein Problem hin:

> Die Idee könnte zweckentfremdet oder missbraucht werden. Crowdfunding funktioniert, wenn man keinen großen Profit erzielt, sondern einem Bedürfnis gerecht werden wolle - dem Bedürfnis der Geldgeber. Schwieriger werde es, wenn es um die Finanzierung eines Films gehe: Da könne man vorher als Spender nicht wissen, ob man am Ende bekommt, womit man gerechnet hat.[104]

---

[102] vgl. (kein Datum): In: http://www.ageofstupid.net (Stand: 04.05.2009)
[103] o.V. (2008.07.17.): Business – Crowed Financing. In: http://spoonfeedin.blogspot.com/2008/09/business-crowd-financing-gread.html (Stand: 02.03.2009)
[104] Wild, Sam (2008.02.04.): Filmfinanzierung per Serviettenskizze. In: http://www.taz.de/1/leben/film/artikel/1/filmfinanzierung-per-serviettenskizze/?src=SZ&cHash=043dba7a3b (Stand: 02.03.2009)

Filmproduzentin Lizzie Gillett dagegen sieht in Crowdfunding ein Zukunftsmodell. Ihr eigenes Filmprojekt sei schuldenfrei, daher müsse sie keinen Vertrag mit einem Verleiher erkämpfen. „So können wir ihn unabhängig verkaufen", sagt sie - und sämtliche Profite würden dann „unter denen verteilt, die daran mitgearbeitet und ihn finanziert haben". Crowdfunding, sagt Gillett, sei ein wirkungsvolles Werkzeug für Akteure in den unabhängigen Medien. Nicht nur finanziell seien die dann unabhängig - sondern eben auch inhaltlich.

„The Age of Stupid" ist das Best-case-Szenario für Crowd Financing und wird deswegen auch gerne als Beispiel herangezogen. Die Schwierigkeit an dem System ist aber, genügend Unterstützer für sein Projekt zu finden. Hat man nicht gerade einen Star an der Hand, eine etablierte Marke oder ein Thema, das vielen Menschen am Herzen liegt, so kann die Bildung einer Fan- und/oder Unterstützergemeinde seine Zeit dauern. Dies wird von den Filmemachern im Rausch des möglichen Erfolgs oftmals übersehen. Je nach Höhe des Budgetbedarfs des Films kann es Monate oder sogar Jahre dauern, bis die Finanzierung geschlossen ist. Dies natürlich nur unter einer Voraussetzung, die bei Independent-Filmen schon immer gegolten hat: Entweder ist die Geschichte herausragend oder das Thema erregt Aufmerksamkeit. Durchschnittsware wird auch hier nicht zum gewünschten Erfolg führen.

Eine Plattform, die Micro-Finanzierungen über die Masse ermöglicht, ist Fundable.org. Diese wurde 2005 gegründet und gilt als einer der Pioniere auf dem Gebiet. Die Funktionsweise des Dienstes ist simpel, aber effektiv. Eine Person legt ein Projekt mit bestimmtem Budgetbedarf an und ersucht um finanzielle Unterstützung. Das kann z.B. im Bereich Film der neue Dokumentarfilm, der Erwerb einer Kamera, oder die Finanzierung der Postproduktion sein. Alles ist erlaubt. Auf der eigenen Website, im Blog oder im Social Network-Profil lässt sich über Banner und Buttons auf den Spendenaufruf verweisen. Interessierte Fans und Unterstützer können sogenannte „Pledges" abgeben, sie sichern ihre Unterstützung mit einem von ihnen gewählten Betrag zu. Wird die Gesamtsumme des Projekts erreicht, werden die Beträge der Unterstützer eingehoben, und nur dann. Fundable übernimmt die technische und finanzielle Abwicklung und kassiert dafür 10 Prozent Provision. Die durchschnittlichen Projektbudgets liegen zwischen 500 und 3000 Dollar, mit durchschnittlichen Zahlungszusagen zwischen 20 und 50 Dollar.

Als Gegenleistung erhält man entweder eine DVD des fertigen Films, eine Nennung im Abspann oder auch einfach gar nichts. Manche Projekte bieten für entsprechende Unterstützung Team-Credits an, so ist bei folgendem Beispiel der Produzenten-Credit für 5000 Dollar zu haben:

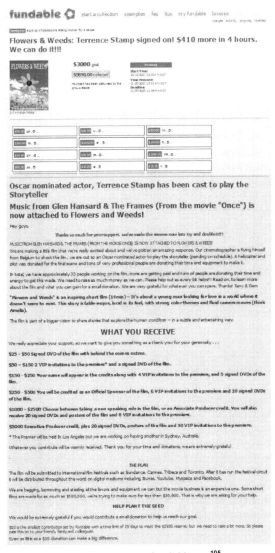

Abbildung 37: Screenshot von fundable.org[105]

---

[105] o.V. (2009): Funable Online Fundraising. In:
http://www.fundable.com/groupactions/groupaction.2007-10-12.8557526519/ (06.05.2009)

Sich einen Credit zu erkaufen ist nichts Neues im Filmbusiness, oft werden Financiers, die mit der ausführenden Produktion nichts zu tun haben, als Executive Producer im Abspann genannt. Ebenso oft verzichten Star-Schauspieler auf einen Teil ihrer Gage, partizipieren dafür am Gewinn und erhalten im Gegenzug den Produzententitel.

So billig war der Produzententitel aber noch nie zu erwerben, auch wenn wohl ein kleiner Unterschied zwischen einer 10.000-Euro-Produktion und einem 10-Millionen-Filmprojekt bestehen dürfte.

Sellaband, Dropcash, Tipjoy, Chipin sind nur einige der unzähligen Systeme, die Geldbeziehungen zwischen Personen und Gruppen ermöglichen sollen. Der Filmemacher kann aber auch über Onlinebezahlsysteme wie PayPal oder Moneybookers selbst das Crowd-Funding übernehmen. Nirvan Mullick konnte für seinen Film „1 Second Film" durch direkte Bezahlung auf seiner Website www.1secondfilm.com über 150.000 Dollar von 7.000 Unterstützern lukrieren. Für einen Dollar erhielt der Spender eine Nennung als Produzent. Erwähnenswertes Detail: Der 70mm-Film bestand aus einer Sekunde animierter Bilder mit anschließenden 90 Minuten Abspann.

Eine weitere Auseinandersetzung mit dem Thema „Direkte Beziehung mit Fans" findet sich im Kapitel 8.4.

6.5 Verwertungsfenster im Wandel

Die klassischen Verwertungsfenster sind in letzter Zeit mehr und mehr unter Druck geraten. Hatten sie lange Zeit das Ziel, den Profit der Filmverwertung zu maximieren, stellen mehrere Faktoren das Beibehalten der Fenster in Frage. Als Hauptargument wird meistens Piraterie genannt, kaum ein großer Film, der nicht kurz nach seinem Kinostart digital im Internet angeboten wird. Filmemacher Virgil Widrich hält die Idee einer Kinoschutzfrist für „mittlerweile antiquiert":

> „Raubkopien können dadurch besonders reüssieren, weil die Filme vielerorts sonst nicht erhältlich sind. Die DVD und die Online-Auswertungen werden künftig mehr und mehr zeitgleich passieren".[106]

---

[106] o.V. (2007.05.08.): Kinoschutzfrist vor dem Fall. In: http://futurezone.orf.at/stories/191295/ (Stand 24.2.2009)

Damit nicht zu viel Verkaufspotential für den Film verloren geht, werden die Sperrfristen und Verwertungsfenster immer öfter verkürzt. In manchen Ländern kann schon drei Monate nach Filmstart der Film als DVD oder VOD gekauft werden.

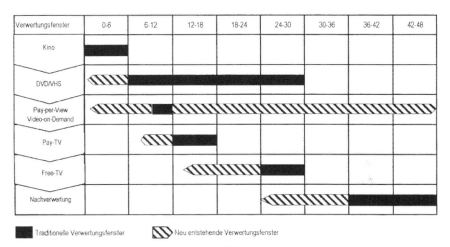

Abbildung 38: Verwertungsfenster im Wandel [107]

Das Fenster für Kinoverwertung beträgt traditionell sechs Monate. Es lässt sich jedoch in den letzten Jahren der Trend beobachten, dass Kinofilme eine immer kürzere durchschnittliche Verweildauer aufweisen. Während in den USA die Top 100 Blockbuster nur mehr im Schnitt 3,2 Monate im Kino sind[108], können weniger erfolgreiche Filme bereits nach dem ersten Filmwochenende aus den Kinos verschwinden. Auf eine DVD der erfolgreichsten Filme in den USA wartete man im Schnitt 4,3 Monate (keine Schutzfristen), auf weniger erfolgreiche nur drei Monate. Auch in Europa versuchen Produzenten, TV-Sender, Pay-TV und VOD-Anbieter die Fenster zu verkürzen, dabei kommt es aber verständlicherweise immer wieder zu Widerstand seitens der Kinobetreiber, die um ihr Geschäft fürchten. Während sich nun auch Filmförderungen bei den Schutzfristen und Fenstern variabel zeigen (z.B. Sperrfristenverkürzung im deutschen Filmförderungsgesetz im Jänner 2009: zwischen Kino und Pay-TV von 18 auf 12 Monate, VOD von 12 auf sechs Monate, Free-TV von 24 auf 18 Monate), bleibt die Bedeutung des Kinos, aufgrund der Marketingwirkung

---

[107] Popp Wolfgang/Parke, Lennart/Kaumanns, Ralf (2008): Rechtemanagement in der digitalen Medienwelt. In: Media Perspektiven, 9/2008, 459
[108] ebd.

sowie der strategischen Wichtigkeit, am Anfang der Kette zu sein, groß. Ein Kinoerfolg kann die weitere Auswertung pushen und die Verhandlungsposition bei Verkäufen an TV-Sender oder VOD-Plattformen stärken.

Die sogenannte „Day-and-Date" Release-Strategie ist die weitreichendste Nivellierung der Verwertungsfenster. Dabei startet der Film zeitgleich im Kino und/oder mit anderen Verwertungsformen wie DVD, TV oder VOD.

Einer der ersten, der diese Form der Verwertung nutzte, war Steven Soderbergh mit seinem Film „Bubble": Er ließ seinen Film gleichzeitig im Kino, auf DVD und im Kabel-Fernsehen (HDNet) starten. Dadurch können die Marketingmaßnahmen auf einen Termin gebündelt werden, um maximale Aufmerksamkeit zu erreichen. Der Vorteil liegt auf der Hand: Eine einmalige Bewerbung des Films kann gegenüber mehrmaligen Marketinganstrengungen Kosten sparen. Der Film wird also über verschiedene Kanäle angeboten, der Kunde kann entscheiden, wo und wie er ihn sehen will. Die Erlöszahlen ergaben jedoch einen gemischten Erfolg: Trotz des Namens Soderbergh und der regen Berichterstattung rund um den Film und die neue Verwertungsstrategie konnte der 1,6 Millionen[109]-US-Dollar-Film an den US-Kinokassen lediglich 145.000 US-Dollar einspielen.[110] Als Protest gegen diese neue Verwertungsstrategie verhängten nämlich die größten Kinoketten einen Bann gegen den Film. Ein anderes Bild ergab die Verwertung durch TV oder DVD: Zumindest über die TV-Lizenzen und die guten DVD-Verkäufe (100.000 Stück) zeigte sich Todd Wagner vom Vertrieb 2929 Entertainment dann schließlich aber doch zufrieden.

> The revenue on Bubble far exceeded what we would have gotten with a traditional window. If Bubble had waited six months to go out on DVD, it would not have anywhere near the sales we are having with day-and-date.

Während gesetzliche Schutzfristen das Kino als Kulturort bewahren sollen, mehren sich zugleich die Stimmen zu der Frage, warum der Steuerzahler mehrfach für den Film bezahlen soll, den er am Schluss vielleicht gar nicht sehen kann. Durch das Filmfördersystem wird von der Entwicklung des Drehbuchs, über die Produktion hin

---

[109] Thompson, Anne (2006.03.17.): Distributors hold firm against day-and-date. In: http://www.hollywoodreporter.com/hr/search/article_display.jsp?vnu_content_id=1002198452 (Stand: 16.03.2009)
[110] Vgl. (kein Datum): Bubble. In: http://www.boxofficemojo.com/movies/?id=bubble.htm (Stand: 16.03.2009)

bis zum Vertrieb fast alles gefördert. Der Steuerzahler muss aber nicht nur die Herstellung finanzieren, er wird auch noch beim Kino und beim DVD-Händler zur Kasse gebeten. Personen, die nicht in Orten mit Kinos wohnen, können den Film möglicherweise gar nicht sehen, weil sie zu weite Strecken fahren müssten. Für manche stellt sich die Frage, ob es nicht legitim wäre, geförderte Filme zeitgleich mit dem Kino über VOD auszustrahlen und/oder obendrein kostenlos anzubieten.

7 Zugang zum Endverbraucher – Wie erreicht der Content den Zuseher, der Zuseher den Content?

> In the internet the cost used to be a delivery problem, but now delivery is almost free. And now it is a discovery problem. It was easy to get known because there was only a couple of radio stations. Now it is harder to get known. And Google for instance spends most of their money getting traffic from other sites.[111]

Die Kernfrage ist, wie der Zuseher in Zukunft seinen gewünschten Content finden wird. Denn es wird ihm nicht wirklich einfach gemacht. So werden zum Beispiel allein bei YouTube jede Minute mindestens zwanzig Stunden Videomaterial auf der Videoplattform hochgeladen – Tendenz stark steigend.[112] Waren es Mitte 2007 noch rund sechs Stunden, wuchs die Zahl bis zum Jänner 2009 auf 15 Stunden an, bis YouTube im Mai 2009 die 20h-Marke vermeldete. Das wären pro Monat mindestens unglaubliche 864.000 Stunden Filmmaterial. Im Durchschnitt konsumiert der US-Internetnutzer aber „nur" 273 Minuten Online-Videos im Monat, gemessen am Gesamtmarkt.[113] Es zeigt sich ein grundsätzliches Schema, das sich schon beim klassischen Internet feststellen ließ: Für den Verbraucher wird es durch das beinahe unbegrenzte Angebot an Content immer schwieriger, sich darin auch zurechtzufinden. Selbst Google kann nicht alle verfügbaren Webpages, die weltweit existieren, in seinem Index anzeigen.

Es braucht also Tools, um Angebot und Nachfrage, Content und Nutzer zusammenzubringen. Ohne entsprechende Systeme liegt die Fülle an Inhalten brach und die Vorteile des Internets können damit nicht ausgenützt werden. Verschiedenste Services haben sich entwickelt, die einen arbeiten vollautomatisch, die anderen setzen auf die „Weisheit der Masse" und machen den User selbst zum Piloten durch die unendlichen Wege des Datenangebots.

---

[111] Ito, Joichi (2008.09.05.): Vortrag bei Ars Electronica 2008
[112] Junee, Ryan (2009.05.20.): Zoinks! 20 Hours of Video Uploaded Every Minute! In: http://www.youtube.com/blog?entry=on4EmafA5MA (Stand 25.05.2009)
[113] O.V. (2009.01.05.): Americans View 34 Percent More Online Videos in November 2008 Compared to Year Ago. In: http://www.comscore.com/press/release.asp?press=2660 (Stand: 12.2.2009)

7.1 Begriff „Filter"

Instrumente, die dem User bei der Suche nach Content helfen sollen, nennt man auch „Filter", wobei diese nach unterschiedlichsten Kriterien aussortieren können: Qualität, Quantität, Nutzerinteresse usw. In diesem Kapitel werden einige dieser Systeme vorgestellt, wobei auch hier darauf hinzuweisen ist, dass gerade in diesem Bereich die Entwicklung sehr rasch vorangetrieben wird und nahezu wöchentlich neue Systeme vorgestellt werden.

Herkömmliche Filtermethoden sind nicht nur im Vertrieb zugegen, schon in der Produktionsphase wird gefiltert. So entscheidet der Studioboss, welcher Film produziert wird und welcher nicht. Der Einkäufer im Einzelhandel bestimmt, welche DVD im Regal steht und welche nicht. Die Filmförderung entscheidet, welcher Film produziert wird und welcher Film eine Kinostartförderung bekommt, um überhaupt im Kino vertrieben werden zu können. Chris Anderson bezeichnet diese Filter als „Vorabfilter". Chris Anderson vergleicht Vorabfilter mit Türstehern und nachträgliche Filter mit Ratgebern. Während es die Aufgabe von Vorabfiltern ist den Geschmack vorauszusagen, besteht die Aufgabe von nachträglichen Filtern in dessen Messung. Produkte, die bereits am Markt sind und erst dann gefiltert werden, nennt Anderson bezeichnenderweise „nachträgliche Filter". Dazu gehören Suchmaschinen, Bestenlisten, Empfehlungen, Blogs usw. Durch die Demokratisierung in der Produktion und im Vertrieb werden immer mehr Produkte online angeboten und so verschiebt sich der Anteil der Filter immer mehr zugunsten der nachträglichen Filter.

Eine Suchmaschine durchforstet permanent das World Wide Web und indexiert die Ergebnisse in einer Datenbank. Je nach Anforderung werden dann die besten, relevantesten, interessantesten, originellsten usw. Ergebnisse angezeigt. Da der Datenbestand im Internet aber so rasant ansteigt, kommen Suchmaschinen mit der Indexierung nur sehr schwer nach. Wird man in einer Suchmaschine nicht aufgeführt oder rangiert in der Rangliste nur weit hinten, existiert man quasi nicht.

7.2 Die Kollektive Kraft

Mittlerweile bieten die meisten Internet-Services dem User an, Bewertungen und Rezessionen zu verfassen. So war Amazon eine der ersten Plattformen, bei der direkt auf der Produktseite vom Kunden eine Meinung zum erworbenen Produkt abgegeben werden konnte, egal ob Musik, Buch oder Film. Jeder Einzelne definiert dadurch den Geschmack von heute und das in Echtzeit. Gefällt ein Produkt besonders gut, kann der Film oder der Song an Freunde empfohlen werden.

7.2.1 Virales Marketing

Unter viralem Marketing versteht man den gezielten Einsatz von ungewöhnlichen oder hintergründigen Nachrichten, um auf ein Produkt, eine Marke oder eine Kampagne aufmerksam zu machen. Über das Internet können Informationen kostenlos und in kürzester Zeit verbreitet werden. Durch virales Marketing kann also die Vermarktung eines Produkts bzw. Films, auch ohne großes Budget für globale Marketingkampagnen, ermöglicht werden.

Die schnelle, virale Verbreitung ähnelt in ihrer Art und Weise dem System der Mundpropaganda. Die Initiierung der Verbreitung geht hier aber in der Regel von neutralen Teilnehmern aus.

Bekannteste Instrumente der viralen Verbreitung sind Empfehlungen und Webblogs. Gefällt dem Zuseher im Internet z.B. ein Film besonders gut, kann er über ein Formular auf der Website den Link zum Film an E-Mail-Adressen schicken, also empfehlen. Oder der Konsument erhält eine Information per E-Mail und leitet diese weiter. Die Aufnahme eines bestimmten Themas durch mehrere "Blogger" in Webblogs impliziert eine Popularität. Dabei gilt es ein paar Grundregeln zu beachten. Sebastian Matthes fasst die wichtigsten in einem Artikel der WirtschaftsWoche wie folgt zusammen:

- …Die Information, die weitergetragen werden soll, muss für den Empfänger einen Mehrwert aufweisen…

- …Virales Marketing muss persönlich sein, denn nur so wird eine Beziehung zu seinem Nutzern aufgebaut. Masseneinträge in Blogs oder Foren sind somit nicht zielführend…

- …Virales Marketing muss ehrlich sein. In verdeckter Mission über die eigenen Produkte positive Beiträge zu schreiben, fliegt in den meisten Fällen auf und kann im ungünstigsten Fall den Unmut der User auf sich ziehen, die in weiterer Folge das Produkt oder den Service schlechtmachen…

- …Virales Marketing braucht Beziehungen mit Meinungsführern und Blogbetreibern. Dadurch erreicht man einerseits eine Öffentlichkeit und neue Kontakte, aber auch Ratschläge…

- …Virales Marketing setzt auf Netzwerkeffekte. Ob Skype, ICQ oder MySpace: Alle diese Dienste werden für den Einzelnen interessanter, je mehr mitmachen…

- …Virales Marketing ist anstrengend. Als Gründer muss man die ersten Fans und Nutzer persönlich anwerben und für die Sache begeistern. Dazu gehört viel Zeit, Geduld und nochmals viel Zeit…

- …Virales Marketing lebt von Partizipation. Binden Sie ihre Nutzer ein. Gerade die ersten sind anspruchsvoll und kritisch. Wenn man ihnen Möglichkeiten bietet, sich in Diskussionen und durch Abstimmungen über neue Produktideen einzubringen, steigt die Identifikation mit dem Projekt. Sie sind dann eher bereit, auch ihren Freunden davon zu erzählen…

- …Virales Marketing setzt auf Insider-Wissen. Interessenten und Fans können die beste Mundpropaganda machen, wenn sie die Produkte selbst erlebt und Hintergrundgeschichten dazu gehört haben. Wer erfahren hat, wie ein Produkt entwickelt worden oder eine Idee entstanden ist, erzählt gern anderen davon…

- …Virale Kampagnen brauchen Passion. Erst wenn ein Team bereit ist, alles zu geben und auch unkonventionelle Wege geht, entsteht die Energie, die Begeisterungsstürme zündet…[114]

Es lässt sich erahnen, dass gute virale Kampagnen viel anstrengender und zeitintensiver sind, als manche Ratgeber meinen. Einen kurzen Trailer zu seinem Film ins Internet zu stellen und anschließend auf virale Effekte zu hoffen, kann fast schon als naiv bezeichnet werden. Es bedarf viel mehr Anstrengungen, um die Potentiale der viralen Verbreitung wirklich ausnutzen zu können. Ausführliche Erläuterungen dazu finden sich in Kapitel 9.4.

7.2.2 Bewertungen

Werden Produkte von Usern bewertet, kann dadurch der Verkauf gesteigert werden. Das bloße Anbieten eines Bewertungstools reicht jedoch nicht aus, um das echte Potential dieses Services zu erreichen. Nur wenn die Bewertungen für den Kunden in einer sinnvollen und sortierten Reihenfolge angezeigt werden, können sie ihr volles Potential erreichen. Zu wenige Bewertungen können dabei genauso nutzlos sein wie zu viele. Denn erst ab 20 Kundenmeinungen können laut Google's Retail Industry Director John McAteer mehr Umsätze generiert werden[115]. Zu viele Bewertungen werden schnell unübersichtlich und geben dem Kunden dadurch keine echte Orientierung, wie das folgende Beispiel eines Webshops für Computerspiele zeigt:

---

[114] Matthes, Sebastian (2008.09.12.): Wie Gründer virales Marketing erfolgreich einsetzen. In: http://www.wiwo.de/unternehmer-maerkte/wie-gruender-virales-marketing-erfolgreich-einsetzen-306041/2/ (Stand 20.12.2008)

[115] Mellor, Pelle (2009.03.05.): Fair comment. In: http://www.economist.com/science/tq/displaystory.cfm?story_id=13174365 (Stand: 01.04.2009)

Abbildung 39 : Screenshot von User-Bewertungen zum Computerspiel Grand Theft Auto IV auf game.co.uk[116]

Zu einem Computerspiel wurden 217 Bewertungen, verteilt auf 47 Seiten, abgegeben. Die letzten fünf Bewertungen müssen aber nicht der allgemeinen Meinung entsprechen und können so das Ergebnis ins Positive oder Negative verzerren. Um Usermeinungen besser nutzen zu können, hat Amazon ein Instrument eingeführt und lässt Usermeinungen von Usern beurteilen: „War diese Rezension für Sie hilfreich?"

Abbildung 40: Bewertungen auf Amazon.de[117]

---

[116] o.V. (2009): Screenshot game.co.uk. In: http://www.game.co.uk/Xbox360/Action/Shooter/~r328876/Grand-Theft-Auto-IV/?recommended=GAME (Stand: 13.04.2009)

[117] o.V. (2009): Screenshot Amazon.de: In: http://www.amazon.de/Die-F%C3%A4lscher-Karl-Markovics/dp/B000U6SOMK/ref=sr_1_1?ie=UTF8&s=dvd&qid=1244382623&sr=8-1 (Stand: 25.05.2009)

Amazon quietly bumps the three most helpful reviews to the top. It tries to balance positive and negative reviews, so shoppers get a balanced perspective. An interesting side effect is how these selected reviews get more votes. If they are controversial (in that not everyone agrees they were helpful), their ratio goes down, allowing the most helpful reviews to bubble up past them.[118]

Weiters lassen sich die Bewertungen sortieren in: „die hilfreichste positive Rezension", „die hilfreichste negative Rezension", „neueste Rezensionen" oder schlicht nach dem Bewertungsschema zum Produkt von eins bis fünf.

Abbildung 41: Bewertungsvergleiche auf Amazon.de

Im Jahr 2008 erreichte Amazon einen Umsatz von rund 19 Milliarden Dollar[119], wovon 70 Prozent aus Verkäufen von Büchern, Musik und Filmen generiert wurden. Produkte aus diesen Bereichen werden von den Usern auch am häufigsten bewertet. Usability-Experte Jared M. Spool nimmt an, dass Amazon seinen Umsatz durch Einsetzen der optimierten Kundenbewertung um 20 Prozent steigern konnte.[120] Eine weitere Auseinandersetzung zu Bewertungen (Inhalte, die wenig gesehen werden, werden nicht unbedingt gut bewertet) findet sich in Kapitel 8.3.

7.3 Aggregatoren

Unter Aggregatoren versteht man Systeme oder Dienstleistungen, die Inhalte und Informationen sammeln und so aufbereiten, dass diese für eine bestimmte Zielgruppe leichter zugänglich werden. Prominentestes Beispiel für Musik und Videos ist

---

[118] Spool, Jared M. (2009.03.17.): The Magic behind Amazon's 2.7 Billion Dollar Question. In: http://www.uie.com/articles/magicbehindamazon (Stand: 04.04.2009)
[119] Wilkens, Andreas (2008.07.24.): Amazon steigert Umsatz und Gewinn. In: http://www.heise.de/newsticker/Amazon-steigert-Umsatz-und-Gewinn--/meldung/113254 (Stand 04.04.2009)
[120] Spool, Jared M. (2009.03.17.): The Magic behind Amazon's 2.7 Billion Dollar Question. In: http://www.uie.com/articles/magicbehindamazon (Stand: 04.04.2009)

iTunes. iTunes sammelt von unterschiedlichsten Quellen Inhalte, stellt sie neu zusammen und bietet sie dem Kunden sortiert an. iTunes wird wiederum von Subaggregatoren beliefert, die sich z.B. auf Nischen oder bestimmte Märkte spezialisiert haben.

Chris Anderson unterteilt Aggregatoren in fünf Kategorien:[121]

- Sachgüter (z.B. Amazon, eBay)
- Digitale Güter (iTunes, iFilm, Boxee)
- Werbung/Dienstleistung (Google, Craiglist)
- Informationen (Google News, Wikipedia)
- Communities (MySpace)

Als wichtigste Aggregatoren verbunden mit großen Onlineshops im Bereich Film gelten im Moment u.a. die Plattformen iTunes, Amazon, VOD und die Online-Videothek Netflix. Eine ausführliche Liste anzuführen ist in dieser Studie allerdings fast sinnlos, ändern sich der Markt und die Strategien der Teilnehmer doch beinahe wöchentlich.

Aggregatoren sind die wahren Gewinner der Digitalisierung, da sie die Kostenvorteile bei der Verteilung von Gütern und Dienstleistungen perfekt ausnutzen können. Amazon benötigt keine Präsentationsflächen für Güter, sondern bietet alle Produkte im virtuellen Shop an. Über iTunes gekaufte Filme, Serien, Musik oder eBooks werden über das Internet auf den eigenen Computer oder das Mobiltelefon heruntergeladen, teure Versandgebühren entfallen. Aggregatoren haben zudem auch die Möglichkeit sich an das geänderte Nutzerverhalten anzupassen, es in weiterer Folge auch zu fördern. Je nach Geschäftsmodell liefern sie Inhalte nach Bezahlung oder gratis, gestützt durch Werbung, zum Konsumenten. (siehe Kapitel 9.2 Geschäftsmodelle). Wie Inhalte in Zukunft konsumiert werden, löst derzeit heftige Debatten aus. Statistiken und Studien belegen zwar ein Abwandern der jungen Zielgruppe weg vom Fernseher hin zum Computer, die ältere Zielgruppe konsumiert aber entgegen mancher Erwartungen mehr Fernsehen als je zuvor.

---

[121] Anderson, Chris (2006): The Long Tail – Der lange Schwanz, 105

Das US-Unternehmen Boxee versucht beide Welten zu verbinden, indem eine plattformunabhängige Media-Center-Software entwickelt wurde, die es ermöglicht Internetinhalte bequem am herkömmlichen Fernseher sehen zu können. Über Boxee können Medieninhalte jeglicher Art und von verschiedensten Quellen wiedergegeben werden. Videoplattformen wie YouTube, Hulu, BBC, iPlayer, Joost, MySpaceTV, Netflix, aber auch Audiostreams von last.fm und tausende Radiostationen können eingebunden werden. Verknüpft mit Community Features von Social Networks, wie Empfehlungen und Vorschläge, soll Boxee die Art, wie Inhalte konsumiert werden, revolutionieren. Weg vom linearen System, bei dem der Konsument ein fix vorgegebenes Programm serviert bekommt. Wann und welche Inhalte gesehen und genutzt werden, entscheidet der Nutzer selbst. Boxees Idee scheint tatsächlich wegweisend, einzig beim Geschäftsmodell sind sich Experten noch nicht so sicher. Gründer Avram nennt als eine mögliche Geldquelle die Lizenzierung der Software an Set-top-Boxen- oder TV-Geräte-Hersteller. Dass diese ebenso auf Inhalte per Internetstream setzen, zeigen Produktneuvorstellungen mit Internetzugang und automatisch integrierter Verbindung zu YouTube und MySpace. Werbung in die Software zu integrieren wäre eine weitere Möglichkeit, meinen Experten.

Aggregatoren übernehmen außerdem noch die Rolle des Zwischenhändlers. Um in die Datenbank bei iTunes aufgenommen zu werden, muss z.B. der Weg über einen Aggregator genommen werden. Dieser hat mit iTunes Verträge und liefert Contents zu. Das US-Unternehmen tunecore platziert gegen Entgelt digitalen Content vom Auftraggeber auf verschiedenen Plattformen wie z.B. iTunes, AmazonMP3 oder Microsoft's Zune.

Abbildung 42: Screenshot tunecore Startseite[122]

Aggregatoren verlangen in der Regel keine Rechteabtretung, sie verdienen ihr Geld entweder durch Erlösbeteiligung oder wie im Fall „tunecore video" mit einmaligen Gebühren:

- Digital delivery of a music video to iTunes (all territories included) by length:
  - 0 to 5:00 minutes: $85
  - 5:01 to 10:00 minutes: $150
  - 10:01 to 20:00 minutes: $220
  - 20:01 to 30:00 minutes: $300
  - 30:01 to 40:00 minutes: $375 (if your music video is longer, please contact support)
- Resubmitting a music video: $50
- Requesting a music video be taken down from iTunes within the first six months: $20
- Annual maintenance and storage fee, per video: $19.98

Abbildung 43: Kosten für tunecore-Video [123]

Im Moment können über den Aggregator tunecore allerdings nur Musikvideos vertrieben werden, da iTunes aufgrund strikter Content-Regelungen keine anderen Clips annimmt. iTunes behält sich außerdem das Recht vor, Inhalte zu löschen, etwa wenn der Clip nicht den eigenen Definitionen eines Musikvideos entspricht. Die bereits entrichtete einmalige Gebühr erhält der Künstler aber nicht retour. Dieses Beispiel zeigt recht deutlich, dass es, sofern man kein großes Unternehmen ist, nicht einfach ist, auf den großen Plattformen wie z.B. iTunes gelistet zu werden und damit

---

[122] o.V. (2009): Screenshot tunecore.com. In: http://www.tunecore.com (Stand: 02.02.2009)
[123] o.V. (2009): Screenshot tunecore.com. In: http://www.tunecore.com/index/faq#VideoCost (Stand: 02.02.2009)

werden auch die Grenzen recht schnell ersichtlich. Auch zeigt sich, dass Apple starken Einfluss auf die angebotenen Inhalte ausübt und somit auch kontrolliert.

7.4 EPG / IPG

Der „Electronic Program Guide" ist ein digitales Programmheft, das Informationen über Fernseh- oder Radioprogramme sammelt und dem Zuseher anzeigt. Die „Navigationshilfe" durch die Programmvielfalt bietet zusätzliche Daten zum Programm an, das kann Beginn- und Endzeiten beinhalten, und weitere Informationen sowie Links zum Programm. Während bei EPGs nur Informationen empfangen werden können, bieten IPGs interaktive Komponenten an. So lässt sich z.B. nach Genres oder Startzeiten sortieren, innerhalb der Zeitleiste eines Filmes springen und das Programm lässt sich an die Sehgewohnheiten anpassen. EPGs/IPGs lassen sich auf verschiedenen Plattformen einsetzen, die im Moment häufigste ist die Verwendung in Set-Top- Boxen. Aber auch auf Computern und mobilen Endgeräten werden EPGs vermehrt genutzt, um den Überblick über die Fülle der Inhalte zu behalten. Mit der EPG-Software „TV Browser" können z.B. derzeit Programminformationen von über 900 TV-Sendern, 100 Radio-Sendern und - aktuell - 90 verschiedenen Kinos empfangen und an die eigenen Bedürfnisse angepasst werden.

Eines der erfolgreichsten Systeme, das mit EPG-Informationen arbeitet und diese auch entsprechend verarbeitet, ist „TiVo". Dabei handelt es sich um einen Festplattenrecorder, der TV-Programme aufzeichnen und auch zeitversetzt wiedergeben kann. Eine intelligente Lernfunktion zeichnet völlig selbstständig Sendungen auf, die dem Nutzerprofil entsprechen. Dieses Nutzerprofil ergibt sich aus den persönlichen Sehgewohnheiten des Users und wird mit denen anderer User verglichen, das System zeichnet mit Hilfe des erstellten Nutzerprofils dann Programme auf, die es als tendenziell interessant für den User erachtet. Über das Internet lässt sich das Gerät mit den Daten des EPG auch fernsteuern und programmieren.

8 Monetarisierung – Wie wird Geld verdient?

> The reason numbers aren't released (for digital distribution revenues) is because the numbers are pathetic. The numbers are sadly low in comparison to what we expect from film and television. If you're looking to pay your rent, not so much, if you're looking to pay your phone bill, you have a great chance. It's getting to a point where it's down the road from being profitable, but we're just not at that point yet.[124]

> Wir sind auf der Suche danach, eine neue Mischung zu kreieren - wie wir hier mit unseren Produkten Geld machen können, wie wir Kunden erreichen und welche Produkte wir hier anbieten. Uns ist klar, dass es hier noch keine Idee gibt, wie man hier so gut Geld machen kann wie auf den traditionellen Absatzwegen. Aber wir sind überzeugt, dass das am Ende der Fall sein wird.[125]

Ausbleibende Kinobesucher, sinkendes Interesse im Fernsehen. Die Aussichten der Unterhaltungsindustrie sind alles andere als rosig. Da kommt der Internet-Boom in Verbindung mit steigender Videonutzung gerade recht. Der zukünftige Konsument ist im Internet und da liegt auch das Geld. Auch die Printmedien spüren die Entwicklungen des Internets sehr stark. Laut des US-Jahresberichts 2009 des Pew-Forschungsinstituts informierten sich 2008 erstmals mehr Amerikaner im Internet als in den gedruckten Blättern. Nachrichten sind den US-Bürgern zwar weiter wichtig und bleiben begehrt, allerdings sind immer weniger Menschen bereit, dafür zu bezahlen. Auch Zeitschriften, Radio und die lokalen Fernsehsender in den USA mussten 2008 Einbußen hinnehmen. Als großer Gewinner wird ohne Überraschung das Internet genannt.[126]

Die Entwicklung des Internets hat den User lange Zeit an ein „Alles gratis"-Phänomen gewöhnt. Angefangen von E-Mail-Adressen bis hin zu Bild- und Videobearbeitungsprogrammen: Es gibt fast keinen Service, der heutzutage nicht gratis angeboten wird. Und der Trend geht vor allem bei Dienstleistungen weiter. Die Plattform hobnox.com bietet z.B. ein digitales Tonstudio online an, Pixl.com ermöglicht Bildbearbeitung im Internetbrowser, ohne ein Programm installieren zu müssen.

---

[124] Hernandez, Eugine (2009.03.17.): Digital Distribution: "Gigantic" Exposure? "Pathetic" Revenues? In: http://www.indiewire.com/article/2009/03/16/digital_distribution_gigantic_exposure_pathetic_revenues/ (Stand: 04.04.2009)
[125] O.V. (2009.05.06.): Walt Disney sucht nach Geschäftsmodell im Internet. In: http://derstandard.at/?url=/?id=1240550677468 (Stand: 18.05.2009)
[126] O.V. (2009.03.19.): Internet schlägt erstmals Zeitung. In: http://derstandard.at/?url=/?id=1237227671157 (Stand: 23.03.2009)

Website-Betreiber haben sich im Laufe der Zeit an den „Alles gratis"-Trend angepasst und finanzieren sich zum großen Teil durch Werbeeinnahmen. Branchenprimus Google hat durch die Übernahme von YouTube den Werbemarkt nun auch am Onlinevideo-Markt eingeführt. Der Datenbestand ist enorm, die Nutzung kostenlos.

Refinanzierung durch Werbung hat sich dabei, bedingt auch durch die Finanzkrise, als unsichere Einnahmequelle entwickelt. Dem gegenüber steht das Modell des bezahlten Contents, wie man es bisher von Pay-TV-Angeboten (z.B. Premiere) gewöhnt war. Fast wöchentlich werden neue Internet-Video-On-Demand-Plattformen ins Leben gerufen und buhlen um den zukünftigen Kunden. Große Medienkonzerne bündeln ihre Kräfte und bieten Download- und Streaming-Portale an (Hulu, Maxdome usw.).

In der jährlich durchgeführten Umfrage „Global Broadcast Consumer Survey"[127] von Accenture zeigten 2009, trotz Wirtschaftskrise, 49 Prozent der 14.000 Befragten ihre Bereitschaft, für digitale Inhalte bezahlen zu wollen, 2008 waren es nur 37 Prozent. Rund 40 Prozent bevorzugen Werbespots, um im Gegenzug gratis Inhalte sehen zu können. Laut der Studie wird das Abo-Modell, gefolgt vom „Pay to Play"-Modell von den zahlungsbereiten Konsumenten bevorzugt. Rund 25 Prozent wollen für eine fixe monatliche Gebühr ein unlimitiertes Programm sehen, während nur 12 Prozent pro Episode und nur 9 Prozent für eine ganze Serie zahlen wollen. Jüngere Konsumenten sind eher bereit für Content zu zahlen als es ältere sind (60 Prozent der unter 25-Jährigen, im Gegenzug nur 38 Prozent der über 55-Jährigen). Accenture zieht daraus die Schlussfolgerung, dass sich das Abo-Modell zum interessantesten Geschäftsmodell für die Wirtschaft entwickeln könnte:

> "This underscores the recession-resistant nature of subscription models even in today's tough economic climate,"[128]

In der Studie wird allerdings auch angedeutet, dass zwar Konsumenten insgesamt mehr als früher dazu bereit sind für Inhalte zu bezahlen, aber die Summe, die sie dafür ausgeben wollen, zurückgeht. Manche Teilnehmer der Umfrage gaben an,

---

[127] Morgenstern, Gary/Wozman, Josh (2009.04.20.): Television Viewing Becomes Increasingly Fragmented as Overall Consumption Grows, Accenture Global Survey Finds. In: http://newsroom.accenture.com/article_display.cfm?article_id=4822 (Stand: 05.05.2009)
[128] ebd.

weniger für DVDs, On-Demand-Videos und Mobiltelefon-Contents ausgeben zu wollen.

Neben den bestehenden Geschäftsmodellen werden aber auch gänzlich neue Erlösformen debattiert, um einen Ausweg aus der drohenden Misere zu finden: Die Kulturflatrate oder die freiwillige Abgabe werden immer öfter genannt und werden in dieser Studie auch kurz vorgestellt.

8.1 Stichwort Content

Wie in Kapitel 3.5 schon erwähnt, wird bei Content zwischen „User generated Content" und „Premium Content" differenziert. Mit welchem Content sich leichter oder schwerer Geld verdienen lässt, zeigt recht deutlich folgende Grafik:

US Online Video Advertising CPMs and Sell-Through Rates, by Content Category, August 2008

	Example	CPMs	Sell-through rate*
Premium content creators	FOX, NBC, CBS	$35-$50	90%
Content aggregators/creators	MSN, Yahoo!, AOL	$20-$35	50%
User-generated content	Bebo, Metacafe, YouTube	$10-$15	10%

Note: *figures are approximate
Source: YuMe and Collins Stewart LLC, "Global Internet: Search Engine Strategies San Jose, Key Takeaways from Day 1," August 19, 2008
097587 www.eMarketer.com

Abbildung 44: Effizienz von Online-Werbung im Einsatz bei verschiedenen Contentarten[129]

Werbung eingesetzt neben Premium Content ist mehr wert als Werbung neben UGC. Während auf Seiten wie YouTube nur jedes zehnte angezeigte Werbebanner tatsächlich geklickt wird, erzeugen auf Premium Content-Seiten rund 90 Prozent der eingesetzten Banner Umsätze.

---

[129] Verna, Paul (2008.12.29.): The Next Step in User-Generated Content. In: http://www.emarketer.com/Article.aspx?id=1006831 (Stand: 02.02.2009)

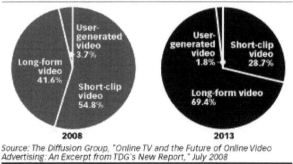

Abbildung 45: US-Online Werbeeinahmen nach Videoart[130]

Das zeigt recht deutlich die Stärke von Premium Content in werberelevantem Umfeld. Dementsprechend wird bei sämtlichen Videoplattformen gerade an Strategien gearbeitet, die den Ausbau von Premium Content vorsehen. Experten schätzen, dass YouTube, mit 43 Prozent Marktanteil[131] die mit deutlichem Abstand größte Videoplattform der Welt, im Jahr 2008 nach Prognosen gerade mal 100 Millionen Dollar[132] verdienen konnte. Damit könnte man nicht einmal einen einzigen US-Blockbuster finanzieren.

YouTube hat ein Problem und das heißt Content. Während sich YouTube als Marke für Online-Videos etabliert hat, setzte die Plattform auch lange auf die Idee, dass jeder Content produzieren und hochladen kann. Mit „Broadcast Yourself" findet sich der Leitspruch nach wie vor im Firmenlogo. Das brachte YouTube zwar jede Menge Videos und Millionen von Usern, zu Geld machen konnten sie diesen Vorteil bis dato aber noch nicht wirklich. 97 Prozent der angebotenen Videos bestehen aus „User Generated Content" und rechtlich nicht abgesichertem Material.[133] Durch diesen Unsicherheitsfaktor platziert Google nur Werbung rund um Videos, deren Rechte

---

[130] Morris, Neil (2009.04.02.): The rise and fall of UGC? In: http://www.digitalpublic.co.uk/blog/the-rise-and-fall-of-ugc (Stand: 04.04.2009)
[131] Vgl. Abbildung 3
[132] Bradshaw, Tim/ Garrahan, Matthew (2008.11.16.): Rival forecast to catch YouTube. Http://www.ft.com/cms/s/0/74ab11da-b415-11dd-8e35-0000779fd18c.html?nclick_check=1 (Stand: 08.02.2009)
[133] Parrack, Dave (2008.11.23.): The Death Of User-Generated Video | Web Video Is Evolving To Professional Content. In: http://www.webtvwire.com/the-death-of-user-generated-video-web-video-is-evolving-to-professional-content/ (Stand: 03.04.2009)

abgeklärt sind. Denn Unternehmen wollen ihre Spots nicht zwischen illegalen und Nonsense-Videos sehen. Aus diesem Grund konnte YouTube nur drei Prozent des Gesamtkatalogs monetarisieren. Bestrebungen sind im Gang, um dies zu ändern, so hat YouTube Verträge mit Majors geschlossen und setzt nun mit deren Blockbustern und TV-Serien auch auf Premium Content.

8.2 Geschäftsmodelle

> ...Was wir heute sehen ist, dass überall neue Geschäftsideen auftauchen. Manche haben mit Werbung zu tun. Sie erregen Aufmerksamkeit und erreichen dadurch Werbekunden. Andere haben mit der Wiederentdeckung des Authentischen zu tun. Das heißt, sie schreiben etwa ein Buch und bieten es im Internet gratis zum Download an. Gleichzeitig oder etwas später bringen sie eine exklusive Liebhaber Edition auf den Markt, die sie um sehr viel Geld verkaufen können. Wieder ein anderes Modell hat damit zu tun, dass sie Fans für sich begeistern, die sich die Unterstützung ihrer Arbeit etwas kosten lassen. Denken sie an Kunstsammler und Mäzene, die das heute ja schon machen. Es gibt mehrere Strategien. Heute in der alten Ökonomie ist ja auch nicht alles so rosig. Wenn sie einen Gedichtband schreiben, verdienen sie kaum etwas durch Copyright. Sie verdienen vielleicht etwas. Wenn sie Jazzmusik machen, verdienen sie kaum etwas durch den Verkauf durch CDs. Nur wenige klassische Musiker verdienen durch das Copyright. Sogar wenn wir das alte Modell behalten könnten, bräuchten wir ein neues Copyright. Wir glauben ja fälschlicherweise, dass das, was für Madonna gilt, für alle gilt. Aber das ist nicht wahr...[134]

Durch das Ausbleiben von Verkaufserlösen in der Medienbranche werden immer wieder neue Geschäftsmodelle diskutiert. Verstärkt wird die Diskussion mit dem aktuellen Ausbleiben der Werbeeinnahmen im Internet, neue alternative Erlösmöglichkeiten müssen gefunden werden. Während Walter Isaacson vom Time Magazin die Abkehr von Gratis-Inhalten im Internet als einzigen Ausweg sieht, um die Printmedien zu retten[135], widersprechen ihm viele Experten vehement: "Das Bezahlinhalte-Gerede geht immer dann los, wenn ein Geschäft im Sterben liegt'"' meint Berater, Autor und Wissenschaftler Clay Shirky. Zwei Geschäftsmodelle, die zum Thema Monetarisierung im Internet immer wieder fallen, sind die „Kulturflatrate" und ein Bezahlungssystem, das dem Fair-Use-Prinzip ähnelt.

---

[134] Benkler, Yochai (2008.09.08.): Interview in ORF TV-Sendung „Kulturmontag"
[135] Isaacson, Walter (2009.02.05.): How to save Your Newspaper. In: http://www.time.com/time/business/article/0,8599,1877191,00.html (Stand: 26.02.2009)

8.2.1 Werbung

Durch Werbeschaltungen Gratis-Inhalte zu monetarisieren hat sich in den letzten Jahren zu einem der wichtigsten Geschäftsmodelle entwickelt.

Wesentliche Vorteile der Online-Werbung:

- keine Streuverluste
- zielgruppenorientiert
- an die Interessen des Users anpassbar
- interaktiv
- direkte Messbarkeit der Werbeeinschaltung
- Möglichkeit der detaillierten Analyse des Userverhaltens im Hinblick auf das Werbemittel

Abbildung 46: Screenshot Werbespotschaltung auf hulu.com[136]

Das weltweit größte und einflussreichste Internetunternehmen Google finanziert sich ausschließlich durch Werbeeinnahmen, indem es durch verschiedenste Dienste wie der Suche, Google E-Mail, Google News uvm. Informationen sammelt und diese mit Anzeigen verbindet:

---

[136] o.V. (2009) Screenshot hulu.com. In: http://www.hulu.com (Stand: 14.02.2009)

Das Ziel von Google besteht darin, die auf der Welt vorhandenen Informationen zu organisieren und allgemein zugänglich und nutzbar zu machen.

Als Unternehmen erzielt Google Umsätze, indem es Kunden die Möglichkeit bietet, messbare, kosteneffektive Online-Anzeigen zu schalten, die in Bezug zu den auf einer Website angezeigten Informationen stehen.[137]

So hat die Suchmaschine Google mit „AdWords" ein System entwickelt, das die angezeigten Werbeeinschaltungen an die Suchergebnisse der Suchanfrage anpasst. Mit „AdSense" lassen sich Werbeschaltungen über das System von Google auch leicht auf der eigenen Website einbinden und ermöglichen somit Werbeeinnahmen für den Betreiber der Seite.

Als sich mit YouTube die Demokratisierung und Digitalisierung auch in der Film- und Videobranche zu etablieren begann, kaufte Google den Online-Video-Branchenprimus um stattliche 1,65 Milliarden Dollar[138], um durch Platzieren von Anzeigen und Werbung auch hier Geld verdienen zu können. Doch die klassischen Werbebanner und das Problem des qualitativ nicht hochwertigen Nutzercontents lassen die erhofften Erlöse (noch) ausbleiben.

Eric Schmidt, CEO von Google:

> I'm not sure whether Google will ever find the perfect fit for YouTube, but there could be some happy compromises. What is clear is that Google won't rest until YouTube actually starts paying back some of the $1.65 billion it paid for the video-sharing site.[139]

YouTube und andere Firmen arbeiten ständig an neuen Ideen, wie endlich mit der Menge an UGC Geld verdient werden kann. Eine Weiterentwicklung der AdWords sind die sogenannten Video-Ads von YouTube. Dabei passt sich der Inhalt der Werbung an die Interessen des Kunden und an die Informationen des Contents an.

---

[137] o.V. (kein Datum): Unternehmensbezogene Informationen – Unternehmensprofil. In: http://www.google.de/intl/de/corporate/ (Stand: 24.04.2009)

[138] o.V. (kein Datum): Google To Acquire YouTube for $1.65 Billion in Stock. In: http://www.google.com/press/pressrel/google_youtube.html (Stand: 23.03.2009)

[139] Parrack, Dave (2008.07.20.): Monetizing YouTube Is The Holy Grail | Google CEO Eric Schmidt Discusses Advert Types. In: http://www.webtvwire.com/monetizing-youtube-is-the-holy-grail-google-ceo-eric-schmidt-discusses-advert-types/ (Stand: 23.02.2009)

Abbildung 47: Screenshot von YouTube, Werbung passt sich dem Inhalt des Videos an.

Google-Technik erkennt das Thema Make-Up automatisch und fügt Werbeinformationen in das Videobild ein. Eine weitere Möglichkeit sind sogenannte Inlay-Videos:

The first 15 seconds of the YouTube video are ad free...

Abbildung 48[140]

The ad, which contains a lot of transparency, flashes in with an animation and starts to display for 20 seconds. You can close it via the x button. The ad is disclosed as advertisement.

Abbildung 49[141]

---

[140] o.V. (2009): Screenshot YouTube. In: http://www.youtube.com/watch?v=ee_rDSvOSnY (Stand: 23.02.2009)
[141] ebd.

Clicking the ad will trigger YouTube to open a player in a player. You can close the mini-player or click on it to open the advertiser's site (in this case, hairspraymovie.com) in a new window.

Abbildung 50[142]

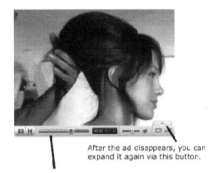
After the ad disappears, you can expand it again via this button.

A yellow line on the time slider indicates the ad position.

Abbildung 51[143]

Ein Tool ermöglicht zudem z.B. eine genaue Analyse, wie lange User auf einer Webseite bleiben, an welcher Stelle sie wieder aussteigen. Gleiches funktioniert auch bei Videos. Wo springt der Zuseher ab, welche Szenen sieht er besonders oft. So kann der Einsatz von Video-Ads optimiert werden.

Um das Problem der rechtlich nicht abgeklärten Inhalte zu lösen, geht YouTube mit vielen Unternehmen Partnerschaften ein und lässt sie an den Werbeeinnahmen teilhaben. Weiters hat YouTube eine Technologie namens „Video ID" entwickelt, die Videos aufspürt, deren Nutzungsrechte verletzt werden und stellt dieses System Medienunternehmen zur Verfügung. Die Unternehmen können dann wählen, ob sie diese Videos entfernen lassen wollen oder an den Werbeeinnahmen beteiligt werden. Laut Google nutzen von den 300 beteiligten Firmen 90 Prozent das Beteiligungsmodell. Google kann dabei drei Fliegen mit einer Klappe schlagen: User können Videos hochladen, auch wenn sie sie nicht selbst gemacht haben, Unternehmen verdienen an den an sich illegalen Uploads und YouTube erhält mehr Content und Einnahmen.

Einen ganz neuen Weg beschreitet das US-Startup Auditude. Auch hier beschäftigt man sich mit dem Thema, wie mit Videos mit „nicht geklärtem Nutzungsrecht" auf Videoplattformen Geld gemacht werden kann, anstatt sie zu löschen und/oder die

---

[142] o.V. (2009): Screenshot YouTube. In: http://www.youtube.com/watch?v=ee_rDSvOSnY (Stand: 23.02.2009)
[143] ebd.

Uploader zu verklagen. Auditude hat nach eigenen Angaben alles, was die letzten vier Jahre im US-Fernsehen ausgestrahlt wurde, analysiert und mit Fingerprints versehen. Dadurch soll jedes im Internet hochgeladene Video identifiziert und die Urheber ausgemacht werden können. Sobald ein Video identifiziert wird, werden von Auditude automatisch zwei Content-Layer über das Bild gelegt: Einer verlinkt zu dem offiziellen Stream mit höherer Qualität inklusive Kaufoption, der andere ist ein normaler Werbelayer. Durch dieses System könnte man auch UCG, der geschützte Inhalte enthält, monetarisieren. Dies ermöglicht ohne Mehraufwand eine zusätzliche Geldeinnahme für die Urheber.

Abbildung 52: Einblendung von automatischer Werbung durch Auditude auf MySpace.com[144]

Kaufoptionen einzublenden ist, wie am Beispiel YouTube erkennbar, nichts Neues, wohl aber die automatische Erkennung des Videoinhalts mit anschließendem Einbau von Werbehinweisen. Dies lässt Website-Betreiber hoffen, aus „rechtlich nicht geklärten Inhalten" und User Generated Content doch noch Geld machen zu können.

Welchen Fortschritt die Technik in den letzten Jahren gemacht hat, demonstriert das Unternehmen Zunavision, das Werbung in Videos revolutionieren will. Eine eigens entwickelte Software lässt einzelne Bereiche in Videos zu Werbeflächen werden. Dabei ist es egal, ob sich die Werbefläche bewegt oder nicht, die Software über-

---

[144] Vgl. Kincaid, Jason (2009.02.06.): MySpace Begins Monetizing Music Videos With Impressive Results. In: http://www.techcrunch.com/2009/02/06/myspace-begins-monetizing-music-videos-with-impressive-results/ (Stand: 23.02.2009)

nimmt alle Rechenaufgaben für die bisher ein teurer Computer, Grafiker und Software benötigt wurde.

Abbildung 53: Das Logo der Biermarke Fosters am Boot wurde mit der Software Zunavision nachträglich eingefügt.[145]

8.2.2 Bezahlung Abo/Pay-Per-View

Bekanntes und bewährtes Geschäftsmodell aus der „alten Welt" - das natürlich auch in der „neuen Welt" noch Verwendung findet - ist das Abonnement-System. Dabei zahlt der Konsument eine fixe monatliche Gebühr und erhält dafür verschiedenste Leistungen. Pay-TV-Sender bieten meistens Abos für bestimmte Themenbereiche an, auch bei Videotheken kommt dieses Modell oft zum Einsatz. So können für einen pauschalen Beitrag beliebig viele Filme ausgeliehen werden. Eine Weiterentwicklung fand das Leihsystem dann durch das Internet, indem die Filmkataloge online zur Verfügung standen und die Konsumenten im Internet ihre Filme auswählten. Anstatt zur Videothek zu fahren, wurden die Filme per Post hin und her geschickt. Die Digitalisierung ermöglicht nun nicht nur die Filmtitel und Infos online betrachten zu können, der ganze Film kann über das Internet zum Konsumenten gestreamt werden. Der Transport über die Post entfällt zur Gänze.

Die US-Videothek „Netflix" hat diese technischen Neuerungen genutzt und bietet neben dem DVD-Versand nun auch eine Online-Videothek an. Gegen eine monatliche Gebühr kann der Kunde zusätzlich zum DVD-Verleih aus 12.000 Filmen und TV-

---

[145] o.V. (2009): Screenshot zunavision.com. In: http://www.zunavision.com (Stand: 23.04.2009)

Serien wählen und diese beliebig oft ansehen, solange er eine aufrechte Mitgliedschaft hat. Die Filme können entweder über den Webbrowser am PC oder über Set-Top-Boxen wie u.a. die Xbox 360, Boxee, Roku oder den TiVo am herkömmlichen TV gesehen werden. Der DVD-Postversand kostet Netflix pro Film laut Dan Rayburn 78 Cent, die Kosten des verursachten Datentraffics bei einem HD-Film berechnet er mit neun Cent.[146] Somit ergibt sich für Netflix eine Kostenersparnis von 69 Cent allein beim Transport. Filme, die auf den PC gestreamt werden, sind noch billiger, da hier eine niedrigere Filmqualität verwendet wird. Ob Streamen über das Internet unter dem Strich tatsächlich billiger ist als der herkömmliche Weg über die Post, stellt er allerdings in Frage. Hohe Lizenzgebühren von neuen Filmen könnten dem Businessmodell VOD einen Dämpfer verpassen. Day Rayburn rechnet mit Lizenzkosten von bis zu 50 Cent pro Film. Konsumiert ein Netflix-Kunde zehn aktuelle Filme im Monat, verursacht er dadurch allein Lizenzkosten von rund fünf Dollar. Das billigste Netflix-Modell kostet im Moment 8,99 Dollar, eine Kombination aus DVD-Verleih und Online-Videothek mit älteren Filmen (und dadurch niedrigeren Lizenzkosten). Ein reines Online-Streaming-Angebot dürfte also laut Rayburn nicht mehr als ca. 5,99 Dollar kosten, was bei den derzeitigen Lizenzgebührenforderungen aber alles andere als gewinnbringend wäre. Erste Auswirkungen: Da Netflix für Inhalte unterschiedlich hohe Lizenzgebühren zu entrichten hat, werden dem Kunden für Netflix lukrativere Titel eher vorgeschlagen als andere. Das oft gelobte und gepriesene Modell der kollektiven Kraft durch Bewertungen und Empfehlungen wird somit zumindest teilweise außer Kraft gesetzt.

Bei Abomodellen können verschiedene Varianten zum Einsatz kommen. Sobald der Kunde aus mehreren fixen Abos wählen kann, spricht man von variablen Abomodellen.

---

[146] Rayburn, Dan (2009.03.17.): Detailing Netflix's Streaming Costs: Average Movie Costs Five Cents To Deliver. In: http://blog.streamingmedia.com/the_business_of_online_vi/2009/03/estimates-on-what-it-costs-netflixs-to-stream-movies.html (Stand: 24.04.2009)

Abbildung 54: US-Pay-TV-Sender „HBO" bietet Abonnenten Inhalte auch per Internet an[147]

Bezahlung per Abruf durch Video-On-Demand ist im Moment die häufigste Form Inhalte im Internet zu monetarisieren. Prominentestes Beispiel ist hier eindeutig iTunes. Der Kunde kann aus einem schier unendlichen Angebot wählen und bei Interesse den Film oder das Musikstück kaufen oder für eine bestimmte Zeit leihen. Aggregatoren wie iTunes oder Amazon-VOD sind die wahren Gewinner der Digitalisierung, da sie die Vorteile der reduzierten Lager- und Transportkosten am besten nutzen können. Sie fungieren als reine Zwischenhändler, haben keine Vorkosten durch die Produktion, sondern partizipieren einzig am Erlös des Produkts. Durch ein scheinbar unendliches Angebot an Gütern und de facto keine Lagerkosten verdienen sie nicht nur an Best-Sellern, auch wenig verkaufte Produkte tragen zum Gewinn bei. Wichtig für On-Demand-Angebote sind zwei Aspekte: große Auswahl und möglichst viele Kunden erreichen. Eine weitere Möglichkeit ist, sich als Sub-Aggregator zu positionieren, Nischen abzudecken und ein bestimmtes Zielpublikum zu bedienen. Diese Inhalte werden dann idealerweise selbst vertrieben und gleichzeitig an einen großen Aggregator weiter lizenziert.

---

[147] o.V. (2009): Screenshot hbo.com. In:
http://www.hboonroadrunner.com/apps/mktgweb/gettingstarted.jsp (Stand: 24.04.2009)

Abbildung 55: Abbildung iTunes Movies[148]

Über VOD-Plattformen können mittlerweile auch HD Filme-über das Internet gestreamt werden, der Preis ist mit rund 20 Dollar aber im Vergleich zum Kauf einer Blu-ray-Disc (26 Euro) relativ hoch.[149] [150] VOD-Plattformen bieten ihre Contents nicht nur über Internet-Webbrowser an, sie versuchen ihre Contents durch Kooperationen, so vielen Kunden wie möglich zugänglich zu machen. Apples iTunes konnte vor allem durch die enge Verknüpfung mit der eigenen Hardware (AppleTV, iPod, iPhone) große Kundenzahlen generieren, Amazon wiederum schließt Vertriebsvereinbarungen mit Hard- und Softwareherstellern ab. So ist der gesamte Amazon VOD-Bestand abrufbar über Sony TV-Geräte, Mobilfunkgeräte und Set-Top-Boxen wie TiVo DRV, Roku, Xbox 360 und Windows Media Center-PCs.

Telekommunikationsunternehmen bieten VOD-Plattformen entweder mittels eigener Systeme an oder schließen Kooperationen mit Content-Herstellern. „maxdome" ist ein Gemeinschaftsunternehmen der ProSiebenSat.1 Media AG und der United Internet AG.

---

[148] vgl. (2008): UK iTunes launches movie service: legal downloading now easier than pirated films? In: http://www.knitwareblog.com/itunes-new-movie-service-makes-legal-downloading-easier-than-torrents-00435/ (Stand: 17.01.2009)
[149] Buchanan, Matt (2009.03.19.): You Can Now Buy HD Movies From iTunes Directly In: http://gizmodo.com/5175855/you-can-now-buy-hd-movies-from-itunes (Stand: 04.04.2009)
[150] Vgl. (2009): Transporter 3. In: http://www.amazon.de/Transporter-Blu-ray-UK-Robert-Knepper/dp/B001Q94THE/ref=sr_1_2?ie=UTF8&s=dvd&qid=1238410141&sr=8-2 (Stand: 26.05.2009)

8.2.3 Gratis - „Freemium"

> Drei Jahre lang habt ihr YouTuber uns abgezockt, zehntausende unserer Videos genommen und bei YouTube hochgeladen. Das Blatt hat sich gewendet. Es ist an der Zeit, dass wir die Zügel in die Hand nehmen. Wir wissen wer ihr seid, wir wissen, wo ihr wohnt und wir könnten euch auf eine Art und Weise bestrafen, die zu schrecklich ist, um sie zu benennen. Aber weil wir außerordentlich nette Burschen sind, haben wir einen besseren Weg gefunden, um unser Eigentum zurück zu bekommen. Wir haben einen Monty-Python Channel bei YouTube eingerichtet. Keine Videos mehr mit beschissener Qualität, wie ihr sie gepostet habt. Wir geben euch das wahre Monty Python - High-Quality Videos direkt aus unseren Lagern. Außerdem nehmen wir die Clips, die am häufigsten angesehen wurden, und laden brandneue High-Quality Versionen hoch. Und das Beste daran, wir lassen euch einfach alles umsonst sehen. Wir möchten aber etwas zurückhaben. Keine von euren sabbernden und hirnlosen Kommentaren. Stattdessen wollen wir, dass ihr auf die Links klickt, unsere Filme & TV-Shows kauft und somit unseren Schmerz und die Ablehnung lindert, dass wir all die Jahre so abgezockt wurden.[151]

Inhalte und Services den Kunden völlig kostenlos zur Verfügung zu stellen, scheint auf den ersten Blick nicht sehr gewinnbringend. Doch auch dahinter verbirgt sich ein kluges Geschäftsmodell, das alles andere als neu ist. Wenn Gratis-Inhalte als Teil eines Ganzen betrachtet werden, haben auch sie einen Wert. Einfachstes Beispiel aus der „realen" Welt sind Mobilfunktarife: Handys werden zum Kaufpreis von einem Euro angeboten, also quasi gratis. Verbunden sind die Gratis-Endgeräte aber immer mit einem Mobilfunktarif, welcher die Investition des Mobilfunkbetreibers refinanziert. An das Gratis-Angebot ist ein weiteres Angebot geknüpft. Das Geschäftsmodell „gratis" muss aber nicht zwangsläufig mit kostenpflichtigen Angeboten oder Services verbunden sein. Der Gewinn, der sich daraus ergibt, kann ebenso Aufmerksamkeit sein. Ob die erreichte Aufmerksamkeit des Kunden dann über Werbung oder kostenpflichtige Komponenten genutzt wird, hängt an der jeweiligen Umsetzung und an dem Bedarf des Anbieters.

Mit dem Businessmodell „Freemium" hat Fred Wilson das Thema der Gratisinhalte näher definiert. Er beschreibt das Modell wie folgt:

> Give your service away for free, possibly ad supported but maybe not, acquire a lot of customers very efficiently through word of mouth, referral networks, organic search marketing, etc, then offer premium priced value added services or an enhanced version of your service to your customer base.[152]

---

[151] o.V. (2009.01.27.): 23.000 Prozent mehr Verkaufswachstum. In: http://www.gulli.com/news/monty-python-23-000-prozent-2009-01-27/ (Stand: 23.02.2009) Übersetzt aus: http://www.youtube.com/montypython

[152] Wilson, Fred (2006.03.23.): The Freemium Business Model. In: http://www.avc.com/a_vc/2006/03/the_freemium_bu.html (Stand: 12.02.2009)

Durch die kostenlose Verteilung von Inhalten soll also möglichst viel Aufmerksamkeit erzeugt werden. Diese Aufmerksamkeit (in Form von vielen Usern) soll dann genutzt werden, indem ein knappes Gut angeboten wird, für das wiederum ein kleiner Teil der User bereit sein wird zu zahlen. Das kann Bonus-Material sein, wie man es bei DVDs kennt, unveröffentlichtes Material oder Material in höherer technischer Qualität.

Zwei erfolgreiche Beispiele dieses Modells sind die Komikergruppe Monty Python und die US-Band Nine Inch Nails (NIN). Die Gruppe Monty Python hat sich entschieden den Großteil ihres Videokatalogs online kostenlos zu Verfügung zu stellen, gleichzeitig bieten sie unveröffentlichte und High Quality-Filme an. Das Resultat: Verlinkte Werbeanzeigen zu Kauf-DVD-Angeboten brachten eine Erlössteigerung um 23.000 Prozent. Die Band Nine Inch Nails hat 2008 die Musik-Kollektion „Ghost's I-IV" gratis und unter Creative Commons-Lizenz auf ihrer Homepage angeboten. Neben freiwilligen Abgaben konnte der interessierte User Premium-Material und limitierte Sondereditionen erwerben. Das Resultat: In den ersten Wochen wurden 781.917 Transaktionen registriert (gratis und bezahlte Downloads und Kauf von Premium-Angeboten) und über 1,6 Millionen Euro eingenommen.[153]

Eine offizielle Meldung der Nine Inch Nails:

> Nine Inch Nails' 36-track instrumental opus Ghosts I-IV, released March 2 via NIN.com, has amassed a first week total of 781,917 transactions (including free and paid downloads as well as orders for physical product), resulting in a take of $1,619,420 USD.

Das Magazin ReadWriteWeb veröffentlichte im April 2009 eine Statistik, aus der hervorgeht, welchen Einfluss kostenlose Angebote auf damit verbundene kostenpflichtige Produkte haben können. Seitdem der Hauptservice von Flurry (Analysetools für mobile Anwendungen) kostenlos zu Verfügung steht, konnten in kürzester Zeit über 70.000 neue User gewonnen werden. Dass sich der Schritt für das US-Unternehmen auch finanziell rentiert hat, zeigt die folgende Grafik.

---

[153] Beckedahl, Markus (2009.01.05.): NIN: Meistverkaufte Online-Album 2008. In: http://netzpolitik.org/2009/nin-meistverkaufte-online-album-2008/ (Stand: 24.01.2009)

Abbildung 56 : Gratis-Angebote steigern Verkaufszahlen[154]

Dabei zeigt sich, dass seit dem Zeitpunkt, ab dem der kostenlose Dienst angeboten wird, die rückläufigen Verkaufszahlen gestoppt werden konnten, sie konnten im Sog des Erfolgs des kostenlosen Dienstes sogar deutlich zulegen.

Dieses Modell ist aber nur unter bestimmten Voraussetzungen möglich: Zum einen funktioniert dieses System nur in Verbindung mit qualitativ hochwertigem Content. Zum anderen können junge, noch nicht etablierte Künstler das Freemium-Geschäftsmodell aber vorab vorwiegend im Bereich der Aufmerksamkeitssteigerung für sich nutzen. Denn die Verbindung „gratis" mit „bezahlten Inhalten" funktioniert nur mit bereits etablierten Marken (Monty Python, NIN).

Neben die Jubelmeldungen von Monty Python und NIN gesellt sich aber auch eine Meldung, die rein gar nicht in das Bild passen mag. Last.fm, ein Internet-Radiosender, welcher dem User gratis Inhalte nach seinen musikalischen Vorlieben anbietet, verkündete, sich vom Gratis-Modell zu verabschieden und stattdessen in den meisten Ländern eine monatliche Gebühr von drei Euro zu verlangen. Trotz 30 Millionen Usern[155] hatten Werbung und zusätzliche Verkäufe die laufenden Kosten

---

[154] Perez, Sarah (2009.04.20.): The State of the Smartphone: iPhone is Way, Way Ahead. In: http://www.readwriteweb.com/archives/the_state_of_the_smartphone_iphone_is_way_way_ahea.php (Stand: 16.05.2009)

[155] o.V. (2009.03.25.): Last.fm Radio wird in den meisten Ländern kostenpflichtig. In: http://www.golem.de/0903/66122.html (Stand: 16.05.2009)

und Lizenzgebühren nicht gedeckt, verkündete ein Mitarbeiter. Einzig in den USA, Deutschland und Großbritannien rentiert sich das Werbegeschäft, da hier die Anteile am Weltmusikmarkt am größten sind.[156]

Das Modell Freenomics rechnet sich vor allem deshalb, weil die Transport- und Bereitstellungskosten von digitalen Gütern ohne großen Speicherbedarf sehr günstig sind. Je größer jedoch die digitale Datei, desto höher sind die damit verbundenen Transportkosten und umso schwieriger wird es, das Gratismodell aufrecht zu erhalten. Streaming Media-Analyst Dan Rayburn schätzt, dass für die US-Online-Videothek Netflix pro 2h Spielfilm 6 Cent (SD) und 9 Cent (HD) an Breitbandkosten anfallen. Das zeigt, dass vor allem breitbandlastige Angebote sowie Videostreaming im Moment noch schwieriger zu refinanzieren sind als Musik-Streams oder News-Portale.

8.2.4 Selbst-Distribution

Ein wesentlicher Vorteil der Digitalisierung ist die Möglichkeit für den Rechteinhaber gänzlich auf etablierte Vertriebsstrukturen zu verzichten und seine Inhalte selbst zu vertreiben. Das Internet mit seinem weltumspannenden Netz erlaubt es nun, Milliarden Konsumenten mit ein paar Klicks zu erreichen. Es bedarf keiner teuren Filmkopien und Transportkosten mehr, der Vertrieb ist de facto kostenlos geworden. Unzählige Videoplattformen ermöglichen es dem User, seine Filme der Welt zugänglich zu machen; YouTube, Dailymotion.com, Vimeo, um nur einige zu nennen. Dabei akzeptiert der Filmemacher aber oftmals, dass er durch Nutzung der Gratis-Services automatisch bestimmte Rechte abgibt. Im Besitz der vollen Rechte und Verwertungsmöglichkeiten bleibt der Filmemacher in der Regel nur, wenn er seinen Film über eigene Tools oder Plattformen vertreibt.

Durch Video Syndication können Filme automatisch mit verschiedenen Webseiten verbunden werden. Der User lädt seinen Clip auf einer bestimmten Website hoch und der Video-Syndikator verteilt diesen an Videohoster und auf Wunsch auch an eigene Websites. Bekannte Services sind Brightcove.com und Tubemogul.com. Zusätzlich können mit Hilfe von Video-Syndikatoren Statistiken und Analysen zu den

---

[156] o.V. (kein Datum): Kernproblem Refinanzierung: Last.fm ändert das Geschäftsmodell. In: http://www.rollingstone.de/news/article.php?article_file=1238068475.txt&showtopic=The%20Pop%20Life (Stand 25.05.2009)

verwendeten Clips durchgeführt werden. Dadurch lassen sich Erfolge oder Misserfolge von Marketingstrategien, sowie Nutzerverhalten und Trends herauslesen.

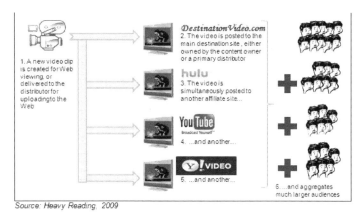

Abbildung 57: Funktionsweise Content Syndication[157]

	On a centralised service (eg Blip, Google Video, etc)	On your own site (either directly hosted, or through Broadcast Machine, etc.)
Pros	Large potential audience, and accompany social network; File hosting and management costs covered; Easily embeddable in your own site and others.	Greater control over your content and usage; Build up a community around your website, rather than someone else's; Retain full independence.
Cons	Sharing ad revenues with service provider; Subject to site's policies, stability and content licensing; Little control over comments or who embeds your video.	Higher technical know-how required; Potential bandwidth costs; Need to actively promote your site / video to encourage visitors.

Abbildung 58: Gegenüberstellung Vor- und Nachteile der Nutzung von großen Videoplattformen mit Selbstvertrieb[158]

Videoplattformen haben viele Seher, Technik- und Traffic-Kosten sind inklusive. Dafür muss man jedoch die Werbeeinnahmen mit den Websitebetreibern teilen,

---

[157] o.V. (2009): Online Video Syndication: Pushing Video to Pull. In: http://www.contentinople.com/insider/details.asp?sku_id=2361&skuitem_itemid=1172&promo_code=&aff_code=&next_url=%2Fsearch.asp%3F (Stand: 24.03.2009)

[158] Davies, Adam P/Wistreich, Nicol (2008): The Film Finance Handbook – How to fund your film. 163

Rechte abtreten und verliert die Kontrolle über seine Werke. Der Vorteil beim Selbstvertrieb über eine eigene Seite oder Plattform liegt in der absoluten Unabhängigkeit, man behält alle Rechte und kann den Großteil der Einnahmen für sich behalten. Problem dabei ist allerdings, dass man sich um den Traffic und die Besucher selbst kümmern muss und das ist alles andere als einfach.

Im Laufe der Zeit wurden unzählige Plattformen gegründet, die - eigenen Angaben zufolge - die Wünsche und Bedürfnisse der Filmemacher berücksichtigen und die wirklichen Vorteile des Selbst-Vertriebs nun tatsächlich ermöglichen. Auf MeDeploy.com können Filmemacher beispielsweise gegen eine monatliche Gebühr von 199,95 Dollar („Professional") oder 19,95 Dollar („Indie") ihre Filme hochladen und sie über verschiedenste Kanäle (MySpace, Facebook) vertreiben. Filmausschnitte oder Trailer verweisen dabei auf eine Seite, die den Kauf des Videos ermöglicht. MeDeploy.com übernimmt die gesamte technische und finanzielle Abwicklung, auch lässt sich die gesamte Abwicklung im Design der eigenen Homepage gestalten. Die Rechte bleiben dabei beim Filmhersteller.

Withoutabox.com wurde gegründet, um dem Filmemacher den Filmanmeldeprozess für Filmfestivals zu erleichtern und zu beschleunigen. Hat man alle Daten zu seinem Film auf der Website eingetragen, kann der Film automatisch bei verschiedensten Festivals angemeldet werden. Später wurde auch eine Funktion eingeführt, die es erlaubt, den eigenen Film hochzuladen, den wiederum Filmfestivals als Sichtungsmaterial verwenden konnten. Withoutabox wurde schließlich von IMDb gekauft, der größten Online-Filmdatenbank, welche wiederum von Amazon erworben wurde.

Unter dem Namen „CreateSpace" wurde schließlich eine Plattform ins Leben gerufen, die es Filmemachern ermöglicht, die eigenen Werke in verschiedenen Formaten den Kunden von Amazon und IMDb zugänglich zu machen. So werden für den Filmemacher ohne Zusatzkosten auf einen Schlag Millionen von filminteressierten Konsumenten erreichbar. Filme können als DVD oder über die Amazon VOD-Plattform als Download-to-Rent und Download-to-Own angeboten werden. Die Erlös-

Beteiligung bei Video-Downloads von 50 Prozent richtet sich nach dem Verkaufspreis, den der Filmemacher selbst festlegen kann.[159]

Bei DVD-Verkäufen sieht die Erlösbeteiligung folgendermaßen aus:

Royalty summary	
Amount earned on sales = Your list price minus our share (shown below)	
Our Share	
Fixed Charge	$4.95 / unit
Share for sales on eStore	+15% / sale
Share for sales on Amazon.com	+45% / sale

Abbildung 59: Erlösbeteiligung von Amazon[160]

For example...
If you sold a DVD with a list price of $25.00 through a CreateSpace eStore, you would earn a royalty of $16.30. The calculation is as follows:

List Price	$25.00
Our Share	$8.70 (see details below)
Your Royalty	**$16.30 (list price minus our share)**
% Share for eStore	$3.75 (15% of $25)
Fixed Charge	$4.95 (one DVD-R in amaray-style case)
Our Share Total	$8.70

Abbildung 60: Beispielrechnung[161]

Der Filmemacher muss die Herstellungskosten der DVD übernehmen, zusätzlich ist Amazon mit 15 - 45% am Kaufpreis beteiligt. Dadurch ergibt sich bei einem Listenpreis von 25 Dollar eine Erlösbeteiligung für den Produzenten oder Filmemacher von 16,30 Dollar. Amazon kassiert bei dem Beispiel also knapp 10 Dollar, nicht wenig dafür, dass sie den Film einfach in ihre Datenbank aufnehmen. Bei der Menge an DVD-Herstellungen werden sie auch kaum 4,95 Dollar pro DVD-Kopieproduktion zahlen. Dennoch kann sich das Modell zu einer Win-Win-Situation für beide Seiten entwickeln, denn schließlich werden die Filme auf dem weltweit größten Online-

---

[159] Vgl. (2009): CreateSpace: Self-Publish and Distribute Your Books, Video and Music On-Demand. In: https://www.createspace.com/Products/VideoDownload/ (19.03.2009)
[160] o.V. (2009) Screenshot createspace.com. In: https://www.createspace.com/Products/DVD/ (Stand: 19.03.2009)
[161] o.V. (2009) Screenshot createspace.com. In: https://www.createspace.com/Products/DVD/ (Stand: 19.03.2009)

Marktplatz Amazon angeboten. Außerdem wird der Film automatisch im Imdb-Eintrag eingebunden und feilgeboten. Seit kurzem sind Amazon VOD-Inhalte auch auf der Microsoft Xbox und dem TiVo zu streamen. Neue Vertriebspartnerschaften werden mittlerweile fast wöchentlich verkündet.

Eine europäische Initiative namens Reelport.com ermöglicht ähnlich wie withoutabox.com ebenfalls den schnellen und digitalen Workflow mit Filmfestivals. Zusätzlich bietet die Plattform auch B2B-Tools an, die den gesamten Vertriebsprozess, von der Materialsuche zur Sichtung bis zum Rechteerwerb nun komplett online abwickeln.

Dies sind ein paar Beispiele der neuen Services, die dem Filmemacher den Vertrieb erleichtern oder ermöglichen sollen und jeden Tag kommen neue hinzu. Welches Service nun für den eigenen Film am hilfreichsten und/oder lukrativsten ist, muss der Filmemacher im Einzelfall individuell entscheiden.

8.2.5 Nebenrechte/Nebenverdienste

Manche sehen die Zukunft der Erlöse im direkten Verkauf des Produkts, andere sind der Meinung, dass durch die direkte Beziehung zum Konsumenten mehr verdient werden kann. Aufgrund des Digitalisierungsprozesses und des veränderten Nutzungsverhaltens der Konsumenten wird immer öfter gefordert, sich von klassischen Verkaufsmodellen zu lösen (Geld für Produkt) und auf alternative Strategien zu setzen.

Ein Beispiel dafür kommt aus der Musikindustrie: Den Trend, sich von reinen Plattenverträgen zu lösen, hat schon Madonna im Oktober 2007 vorgezeigt, indem sie sich von ihrem Plattenlabel Warner Music trennte und einen Zehnjahresvertrag bei Konzertpromoter Live Nation unterschrieb.[162][163] Alle Rechte an Madonnas Schaffen werden nun also von einem Konzertveranstalter verwaltet. Durch diesen Deal hat sie ein Fixum von 120 Millionen Dollar und partizipiert an Alben, Konzert- und Merchandisingeinnahmen. Allein die letzten Touren von Madonna haben über 400 Millionen Dollar eingebracht. Die Marke Madonna kann also eingesetzt werden, um auch

---

[162] Anm. d. Verfass.: Mittlerweile hat Live Nation mit Ticketmaster, einem der weltweit größten Konzertkartenhändler, fusioniert.
[163] Meisner, Jeff (2009.04.02.): Ticketmaster, Live Nation Deal Could Cost Fans. In: http://www.ecommercetimes.com/story/66083.html?wlc=1235948602 (Stand: 12.05.2009)

jenseits der CD-Verkäufe Geld zu verdienen und sich unabhängiger zu machen. Der damalige Werbedeal zwischen Madonna und H&M ist Beispiel für funktionierende Vermarktung und hat angeblich 20 Millionen Dollar eingebracht.[164] Für das Funktionieren dieser alternativen Erlösform finden sich noch zahlreiche Beispiele in anderen Branchen: So verdienen z.B. DJ's durch ihre Live-Sets oder Autoren durch Vorträge und Lesungen. Zusatzeinnahmen durch Merchandisingaktionen können sein: T-Shirts zum Film, iPods im U2-Design, Poster und Plakate vom Star uvm. Schon vor Jahren hat George Lucas mit „Star Wars" das Potential durch Merchandisingrechte vorgezeigt. So hat die „Star Wars"-Saga durch den Verkauf von Fan-Artikeln rund neun Milliarden Dollar eingespielt, dem gegenüber stehen 6,68 Milliarden durch Kinotickets. DVDs, VHS und Nebenrechte erhöhen die Gesamteinnahmen auf rund 22 Milliarden Dollar.[165] Diese Kundenbeziehungen funktionieren aber nur dann, wenn bereits eine Marke besteht oder der Künstler es schafft eine Fan-Gemeinschaft rund um sein Werk zu etablieren. Ob dieses Geschäftsmodell auch für den Independent-Film funktioniert sei in Frage gestellt. Merchandising funktioniert nur in bestimmten Genres, vor allem Action- und Science Fiction-Filme und Komödien. Gerade Independent-Filme behandeln aber oft kritische Themen, eine kommerzielle Auswertung durch Plastikfiguren oder Ähnlichem erscheint perfid.

8.2.6 Kulturflatrate

Immer öfter wird der Begriff „Kulturflatrate" im Zusammenhang mit der digitalen Distribution zum Thema gemacht. Dabei soll der Vergütungsprozess von Urheberansprüchen komplett neu geregelt werden, indem per Gesetz eine monatliche Pauschalabgabe auf Internet-Anschlüsse für Einnahmen sorgen soll. Dafür sollen digitale Inhalte unlimitiert in Anzahl, Nutzungsform und Dauer legal heruntergeladen werden können. Berechnungen haben ergeben, dass bereits fünf Euro pro User ausreichen würden, um die Kulturflatrate (Musik und Film) finanzieren zu können. Ein anderes Modell sieht vor, dass sich die Abgabe an der Geschwindigkeit des Internetzugangs orientiert.

---

[164] o.V. (2007.10.13.): Live Nation could lose money on Madonna deal. In: http://www.reuters.com/article/musicNews/idUSN1325809620071013 (Stand: 12.05.2009)
[165] Greenberg, Andy (2007.05.24.): Star Wars' Galactiv Dollars. In: http://www.forbes.com/2007/05/24/star-wars-revenues-tech-cx_ag_0524money.html (Stand: 12.05.2009)

Wenn man zum Beispiel den Durchschnittsösterreicher nimmt der sich im Jahr zwei CDs kauft, kommt man auf einen durchschnittlichen Umsatz von plus/minus 30 Euro. Wenn man das auf einen Internetzugang umlegt, dividiert durch zwölf, sind das an die zwei bis drei Euro. Das klingt auf den ersten Blick nicht viel, würde aber diesen Konsum schon abdecken.[166]

Jedoch hat dieses System auch seine Nachteile. So müsste jeder Internet-Nutzer die Abgabe zahlen, egal ob er Inhalte beziehen will oder nicht. Außerdem wird kritisiert, dass der administrative Aufwand enorm sei, der durch neue Abrechnungsmethoden entstehen würde. Über eine neue Verwertungsgesellschaft müssten die Einnahmen nach einem Schlüssel verteilt werden. Wie der Schlüssel definiert sein soll, beinhaltet auch das nächste Problem. Welcher Künstler erhält wie viel?

8.2.7 Freiwillige Abgaben / Fair Use

Mit Katchingle wurde ein neues System vorgestellt, das die Bezahlung von journalistischen Inhalten durch sogenannte Micropayments revolutionieren soll. Dabei werden drei Überlegungen als Grundlage herangezogen:

- Der Nutzer wird nicht für einzelne Inhalte zahlen wollen, sondern nur für Bündel.

- Der Nutzer wird seine Zahlungen entsprechend seiner tatsächlichen monatlichen Abrufe auf die Anbieter verteilen wollen.

- Verlage müssen verstehen, dass der Nutzer nicht vorher für Inhalte zahlen wird, sondern nur nachträglich.[167]

Online-Portale, News-Seiten oder Blogs können am Partnernetzwerk von Katchingle teilnehmen. Konsumenten wiederum melden sich bei Katchingle an und zahlen einen freiwilligen monatlichen Beitrag in beliebiger Höhe. Dieser wird am Ende des Monats von Katchingle an die Partnerseiten proportional zur Nutzung des Konsumenten ausbezahlt. Alternativ kann der Konsument auch einen fixen Verteilungsschlüssel wählen. Klarer Vorteil an dem System: Die „mental transaction costs", wie es Katchingle-Gründerin Cynthia Typaldos formuliert, fallen weg:

People can't be always thinking, "Is this worth 33 cents?" Especially if they don't know what it is yet. Nobody wants to be always worried about little things.[168]

---

[166] Sedlaczek, Ursula (2008.09.08.): Interview in ORF TV-Sendung „Kulturmontag"
[167] Meyer-Lucht, Robin (2009.02.17.): Panik ist kein Geschäftsmodell. In: http://www.spiegel.de/netzwelt/web/0,1518,607889,00.html (Stand: 23.02.2009)
[168] Miner, Michael (2009.05.05.): Will Report for Tips. In: http://www.chicagoreader.com/features/stories/hottype/090305/ (Stand: 10.05.2009)

Wichtiger Aspekt bei dem Dienst ist die freiwillige Beteiligung des Konsumenten. Ob das Modell der „Kultur der verantwortlichen Vergütung" bei den Konsumenten und den Anbietern Gehör findet, bleibt abzuwarten.

8.3 Mythos Long Tail

In der Theorie klingt das Prinzip des „Long Tail" wie ein hervorragendes neues Geschäftsmodell. In der Praxis profitieren aber im Wesentlichen drei Gruppen von dem Phänomen: Aggregatoren wie Amazon oder iTunes, Rechteinhaber mit großem Katalog und sechs Milliarden Kunden. Auf der Strecke bleiben die Kreativen und die Produzenten. Während die Verkäufe am hinteren Schwanz der Kurve oftmals im einstelligen Bereich bleiben, wächst die Konkurrenz in diesem Bereich überproportional. Durch die Digitalisierung werden die Produktion und der Vertrieb von Werken für den Einzelnen möglich und leistbar. Das hat jedoch zur Folge, dass sehr viele neue Produkte entstehen.

Die Volkswirte Robert Frank und Philip Cook setzen in ihrem Buch „The Winner-Take-All Society" auf eine andere, nicht dem Long Tail entsprechende Theorie. Sie behaupten, dass durch schnelle Kommunikation und einfache Vervielfältigungsmöglichkeiten beliebige Produkte den Herstellern hohe Gewinne bescheren und sich Kunden in ihrem Kaufverhalten einander annähern. Sie sehen dafür drei Gründe:

- ...weniger gute Qualität ersetzt selten gute Qualität...
- ...das Sozialverhalten der Menschen führt dazu, dass sie gerne dieselbe Musik hören, dieselben Filme sehen...
- ...wenn die Grenzkosten für Produktion und Vertrieb gering sind, profitiert ein schnelller Verkäufer von einem großen Kostenvorteil...[169]

Sherwin Rosen nannte dies den „Superstareffekt", eine kleine Spitzengruppe zieht dem Feld immer mehr davon. Ein Hit führt zum nächsten.[170]

Anita Elberse untersuchte die Long Tail-Theorie von Chris Anderson und analysierte aktuelle Verkaufszahlen von Online-Händlern. Die Ergebnisse bestätigten die Theorie der Verkaufsschlager. 48 Prozent des DVD-Verleihs Quickflix entfielen auf die

---

[169] Elberse, Anita (2008.07.29. zitiert nach Frank und Cook,1996): Das Märchen vom Long Tail. in: Harvard Business manager, 32
[170] ebd.

obersten zehn Prozent der Filme, das oberste Prozent generierte 19 Prozent der entliehenen Filme. Das heißt, bei einem Gesamtangebot von 16.000 Stück waren bloß 150 Filme für fast ein Fünftel aller Transaktionen verantwortlich.

Deutlich bemerkbar ist in den Ergebnissen von Elberse, dass sich der Absatz in den Nischenteil der Kurve verlagert hat. Im Zeitraum von 2000 bis 2005 hat sich die Zahl der Titel, die sich nur ein paar Mal verkauft haben, wöchentlich verdoppelt. Die Zahl der Titel, die überhaupt nicht verkauft wurden, vervierfachte sich hingegen. Viele Titel werden ein paar Mal abgefragt, viel mehr aber überhaupt nicht. Die Digitalisierung bringt zweifelsohne mehr Marktanteile für Independent-Produktionen, der Vorteil schwindet aber umso schneller, je näher man sich der Absatzkurve nach oben nähert.

Am deutlichsten bemerkbar macht sich der harte Wettbewerb bei digitalen Gütern am Beispiel des App Store von Apple. Über iTunes können dort Programme für das iPhone oder den iPod bezogen werden. Zwar wurde im April 2009 der einmilliardste Download[171] vermeldet, von den aktuell 30.000 verfügbaren Programmen ist aber lediglich ein Prozent gewinnbringend.[172]

Interessant sind Elberses Erkenntnisse in Verbindung mit William McPhees Theorie: „Formal Theories of Mass Behavoir". Die Theorie liefert zwei relevante Verallgemeinerungen:

- Die Konsumenten populärer Produkte bestehen zu einem großen Teil aus Gelegenheitskunden, deren Gesamtnachfrage in der Produktkategorie gering ist, während bei unbekannten Produkten der Anteil von Kunden, die besonders viel konsumieren, überproportional hoch ist.
- Konsumenten unbekannter Produkte schätzen diese in der Regel weniger als populäre Produkte.[173]

Elberse verglich die Erkenntnisse mit ihren aktuellen Daten und kam zu dem Ergebnis, dass die Theorie auch heute noch standhält. Sie hält fest, dass es kein Kunden-

---

[171] Wilkens, Andreas (2009.04.24.): Apple hat eine Milliare App-Store-Downloads abgewickelt. In: http://www.heise.de/newsticker/Apple-hat-eine-Milliarde-App-Store-Downloads-abgewickelt--/meldung/136728 (Stand: 05.05.2009)
[172] Igler, Nadja (2009.04.22.): Der App Store ist der brutalste Markt. In: http://futurezone.orf.at/stories/1602482/ (Stand: 05.05.2009)
[173] Elberse, Anita (2008.07.29. zitiert nach McPhees,1963): Das Märchen vom Long Tail. in: Harvard Business manager, 32

segment mit einem besonders ausgeprägten Hang zu ausgefallenen Produkten gibt. Vielmehr greifen Kunden, die insgesamt viel konsumieren, gelegentlich auch zu Angeboten aus dem Long Tail der Popularitätsverteilung. Solche, die weniger ausleihen, konzentrieren sich dagegen auf die populärsten Produkte.

Oft wird auch der Effekt der Empfehlungen im Long Tail hervorgehoben. Der Konsument erlangt Befriedigung, wenn er im unendlichen Nischenmarkt eine Seltenheit entdeckt und anschließend mit Gleichgesinnten teilen kann. Doch diese Empfehlungen stehen laut Elberse in keiner Relation zu den unzähligen Familien, die ihre Glücksmomente bei Blockbustern wie „Ice-Age" mit anderen teilen wollen.

Der Effekt der Bewertungen muss bei näherer Betrachtung ebenso differenziert gesehen werden. Kunden der Videothek Quickflix bewerteten unbekannte Titel im Durchschnitt weniger positiv als populäre. Kritiker sind besonders kritisch in ihren Bewertungen, könnte man meinen, jedoch beurteilen auch sie populäre Titel besonders gut.

> Weniger populäre Angebote werden eher von Kunden genutzt, die sich für bestimmte Genres interessieren, zum Beispiel für Rock and Roll oder romantische Komödien. Sie kennen sich besser mit den Alternativen innerhalb eines Genres aus und bewerten vielleicht deshalb gute populäre Produkte noch höher und schlechte Nischenprodukte noch schlechter. Nischenprodukte kommen in den Kundenbewertungen schlechter weg, ganz gleich, wie man den Kundenstamm analysiert und aufdröselt.[174]

Fazit von Anita Elberse: Die Kaufgewohnheiten der Konsumenten sehen im Internet im Großen und Ganzen genauso aus wie früher in den Geschäften. Während Eric Schmidt, Geschäftsführer von Google, im Jahr 2006 sogar auf dem Cover des Bestsellers von Chris Anderson wie folgt zitiert wird,

> Andersons Einsichten haben einen großen Einfluss auf Googles strategisches Denken. Lesen Sie dieses brilliante und topaktuelle Buch.[175]

klingt seine Aussage im September 2008 zu dem Thema „Long Tail" schon etwas differenzierter:

> ...I would like to tell you that the Internet has created such a level playing field that the long tail is absolutely the place to be—that there's so much differentiation, there's so much diversity, so many new voices. Unfortunately, that's not the case. What really happens is something called

---

[174] Elberse, Anita (2008.07.29.): Das Märchen vom Long Tail. in: Harvard Business manager, 32
[175] Anderson, Chris (2006): The Long Tail – Der lange Schwanz, Cover

a power law, with the property that a small number of things are very highly concentrated and most other things have relatively little volume. Virtually all of the new network markets follow this law...

...So, while the tail is very interesting, the vast majority of revenue remains in the head. And this is a lesson that businesses have to learn. While you can have a long tail strategy, you better have a head, because that's where all the revenue is...

...And, in fact, it's probable that the Internet will lead to larger blockbusters and more concentration of brands. Which, again, doesn't make sense to most people, because it's a larger distribution medium. But when you get everybody together they still like to have one superstar. It's no longer a US superstar, it's a global superstar. So that means global brands, global businesses, global sports figures, global celebrities, global scandals, global politicians...

...So, we love the long tail, but we make most of our revenue in the head, because of the math of the power law. And you need both, by the way. You need the head and the tail to make the model work...[176]

Oft vergessen, aber m.E. sehr wichtig ist weiters, dass der Effekt des Long Tails naturgemäß besser bei Produkten mit geringen Produktionskosten funktioniert, da die Kosten schneller refinanziert werden können. Autoren, Musiker können viel eher den Break-Even-Point erreichen, als dies bei Filmproduktionen der Fall ist, da hier die Investitionen - bei professionell hergestellten Filmen - zumeist um ein Vielfaches höher sind.

8.4 „1000 True Fans"-Prinzip

Fans are willing to pay more if they have a direct connection.[177]

Einen Weg, dem Ende der Long Tail-Kurve zu entfliehen, beschreibt Kevin Kelly mit seiner „1000 true fans"-Theorie. Er sagt, dass ein Kunstschaffender 1000 echte Fans benötigt, um von seinen Werken leben zu können.

---

[176] Manyika, James (2008): Google's view on the future of business: An interview with CEO Eric Schmidt. In:
http://www.mckinseyquarterly.com/Googles_view_on_the_future_of_business_An_interview_with_CEO_Eric_Schmidt_2229?pagenum=1#interactive_google_schmidt (05.05.2009)

[177] Ito, Joichi (2008.09.05.): Vortrag bei Ars Electronica 2008

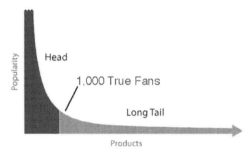

Abbildung 61: Das Modell der 1000 echten Fans [178]

Ein echter Fan ist jemand der bereit ist, alle vom Künstler geschaffenen Werke zu kaufen, jemand der Spezial-DVDs, Poster usw. kauft, Events oder Konzerte besucht. Ein echter Fan ist bereit 100 Dollar im Jahr zu bezahlen und tut dies auch im nächsten Jahr wieder. Bei 1000 Fans kommt der Künstler/Filmemacher dadurch auf 100.000 Dollar pro Jahr. Um auf 1000 Fans zu kommen, rechnet Kelly mit einem neuen Fan pro Tag, ergibt drei Jahre bis zu den 100.000 Dollar. Die neuen Technologien und Möglichkeiten, die das Internet bietet, erlauben und ermöglichen direkte Beziehungen zu den echten Fans. Diese besitzen die Kraft, den Künstler vom Ende des Long Tails nach vorne hieven zu können. Der ständige Kontakt zu den Fans ist unbedingt notwendig, damit dies auch so bleibt. Die „1000 true fans"-Regel funktioniert bei dem Solo-Künstler, sobald aus der One-Man-Show ein Duo wird, muss die Anzahl der Fans linear mitsteigen: 100% mehr Mitglieder benötigen 100% mehr Fans.

Kelly gibt zu bedenken, dass nicht jeder Künstler in direktem Kontakt zu seinen Fans stehen will oder diesen pflegen will. Diese benötigen einen Manager, Mediator oder Agenten. Durch neue Team-Mitglieder wächst der Bedarf an Fans erneut. Die Anzahl der benötigten Fans ist auch abhängig vom Medium. Während ein Maler mit 500 Fans sein Auslangen finden kann, benötigt ein Filmemacher schnell 5000 Fans, um sein Projekt durchführen oder refinanzieren zu können. Kevin Kelly hat mehrere verschiedene Kunstrichtungen verglichen und die Fananzahl mit den möglichen Einnahmen zusammengestellt:

---

[178] Kelly, Kevin (2008.03.04.): 1000 True Fans. In:
http://www.kk.org/thetechnium/archives/2008/03/1000_true_fans.php (Stand: 12.03.2009)

Occupation	True Fans	$/Year Each	Total Income	% TF Support	Years	Selling
Painter	1000	150	150,000	100	10	Prints
Painter	200	300	60,000	100	4	Paintings
Musician	600	40	24,000	30	30	CDs
Comic artist	100	$150	15,000	85	2	Books/T-shirts
Musician	500	20	10,000	30	4	CD/gigs
Band	150	45	6,750	33	10	House concerts
Author	100	10	1,000	10	2	Books

Abbildung 62: Fan-Anzahl und mögliche Einnahmen [179]

Während Filmemacher gar nicht aufgeführt sind, fällt auf, dass es sehr lange dauern kann, bis der Künstler seine Fangemeinschaft aufgebaut hat. Fans zu finden, zu managen und zu bedienen braucht viel Zeit, die die Künstler oft nicht haben oder nicht aufbringen wollen und sie verlieren zudem oft nach einiger Zeit die Lust am Fan-Kontakt. Denn die meisten Kreativen wollen im Endeffekt dann doch mehr als 1000 Fans, wollen einen Hit schaffen, Filmfestivals gewinnen und Aufmerksamkeit und Ruhm erlangen.

8.5 Filesharing/Piraterie = Geldausfall?

Vielfach diskutiert wird das Thema Piraterie und illegale Downloads im Zusammenhang mit der digitalen Distribution. Zahlreiche Studien bescheinigen Millionenverluste der Musik- und Filmindustrie. Wie viel es genau ist, kann niemand sagen. Nicht einmal der schwedische IFPI[180]-Chef Ludvig Werner konnte im Zeugenstand während des Prozesses der schwedischen Staatsanwaltschaft gegen die weltweit größte Torrent-Plattform „The Pirate Bay" einen konkreten Wert nennen. Er musste zugeben, dass verabsäumt wurde zu untersuchen, wie viel Umsatz sie durch Urheberrechtsverletzungen verloren haben. IFPI-Boss John Kennedy sagte bei seiner Zeugenaussage, dass zwischen 2001 und 2007 die CD-Verkäufe um 38 Prozent zurückgingen.[181] „Jede einzelne MP3-Datei, die online getauscht wird, steht für einen verlorenen Verkauf", betonte Kennedy.[182] Während die Musik- und Filmindustrie Geldausfälle durch illegales Tauschen vorrechnet, gibt es auf der anderen Seite

---

[179] Kelly, Kevin (2008.04.27.) The Case Against 1000 True Fans. In: http://www.kk.org/thetechnium/archives/2008/04/the_case_agains.php (Stand: 23.03.2009)
[180] International Federation of the Phonographic Industry
[181] Strain, Adrain/Jacob, Alex (2009.02.25.): The Pirate Bay trial – IFPI Chairman John Kennedy outlines the damage to the music industry. In: http://www.ifpi.org/content/section_news/20090225a.html (Stand: 01.04.2009)
[182] o.V. (2009,26.02.): Pirate Bay: Musikindustrie-Chef während Prozess ausgelacht, In: http://diepresse.com/home/techscience/internet/456169/index.do?from=gl.home_Tech%20&%20Science (Stand: 01.04.2009)

Studien, die Gegenteiliges behaupten. Eine Studie der BI Norwegian School of Management kommt zum Schluss, dass sogenannte Musikpiraten nicht die Feinde, sondern die besten Kunden sind. Sie laden laut Studie zehn Mal mehr legale Musik aus dem Internet als Personen, die nie etwas Illegales beziehen.[183] Anzumerken ist jedoch, dass diese Daten aus einer Umfrage unter 1900 Personen stammen. Wie diese Ergebnisse bewertet und auf die Allgemeinheit umgelegt werden können, bleibt in Frage gestellt. Eine Studie der Frank Magid Associates schlägt in dieselbe Kerbe, Ergebnis: Nutzer der P2P-Software Vuze gehen öfter ins Kino, leihen sich mehr Filme gegen Entgelt und kaufen mehr DVDs. Interessanterweise lässt die Studie (finanziert von Vuze) die Frage nach der Kaufbereitschaft der Vuze-User im Internet allerdings offen.

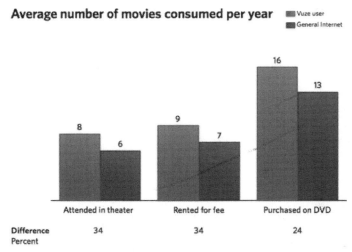

Abbildung 63: Durchschnittlicher Filmkonsum pro Jahr, Vuze-Nutzer/Allgemeiner Nutzer[184]

Vertreter von großen Musik-Labels wollen naturgemäß diese Ergebnisse nicht recht glauben. Bjørn Rogstad von EMI meint dazu:

---

[183] Cheng, Jacqui (2009.04.20.): Study: pirated biggest music buyers. Labels: yeah, right. In: http://arstechnica.com/media/news/2009/04/study-pirates-buy-tons-more-music-than-average-folks.ars (Stand: 01.05.2009)

[184] Thun, Chris (2009.06.02.): Introducing Hollywood's Best Customers, 3

> There is one thing we are not going away, and it is the consumption of music increases, while revenue declines. It can not be explained in any way other than that the illegal downloading is over the legal sale of music.[185]

Dabei muss jedoch beachtet werden, dass der Online-Musik-Handel die Art, wie Musik heute gekauft wird, dramatisch verändert hat. Wurden früher viele ganze Alben verkauft, wird heute der größte Umsatz mit einzelnen Online-Songs gemacht. Magnus Eriksson von der, dem Torrent-Tracker „Pirate Bay" nahestehenden Partei "Piratenbüro" bezieht sich auf die Frage, wie die Musik- und Filmindustrie an ihr Geld kommen soll, wenn das kostenlose Herunterladen von Content legal wird, auf das Modell der Nebenverdienste:

> Die Künstler müssen sich darauf einstellen, dass sie nicht mehr mit dem Tonträgerverkauf Geld verdienen, sondern über die Beziehung, die sie zu ihrem Publikum aufbauen. Der Fokus wird dann auf Livekonzerten, Premiumangeboten oder Merchandising und so weiter liegen. Und die Kinos leben auch noch immer – in Schweden hatten sie 2008 das beste Jahr ihrer Geschichte.[186]

Im Kern ist diese Aussage schon richtig, bei näherer Betrachtung jedoch etwas oberflächlich. Vor allem bezogen auf die Filmindustrie ist diese Meinung m.E. nach nur bedingt haltbar, schließlich kann bei einem Film nicht vom gleichen Vermarktungsmodell, wie es bei Musik der Fall wäre, ausgegangen werden. Ein Film ist viel gebundener an Zuschauerzahlen, unabhängig ob im Kino, auf DVD oder VOD, als Musiker von CD-Verkäufen. Ein Musiker kann sich als Marke am Markt etablieren und genau diesen Wert einsetzen und sich zu eigen machen. (siehe Kapitel 8.2.5). Ob bei Filmen per se mit Merchandising Einnahmen kalkuliert werden kann, ist eher zu verneinen. Schließlich funktioniert dieses Modell vorwiegend bei Filmen mit kommerziellen/bekannten Themen und Geschichten. Begleitende Aktionen wie Sondervorführungen oder Schulveranstaltungen sind eher möglich und werden auch immer öfter als alternative Erlösquelle herangezogen. Eine Beziehung zu den Kunden aufzubauen, wird, wie von Magnus Erikkson zu Recht erwähnt, in Kombination mit den Möglichkeiten des Internets aber immer wichtiger.

Die Filmindustrie sollte m.E. nach nicht den gleichen Fehler machen wie die Musikindustrie seinerzeit, nämlich die Trends der Zeit zu ignorieren und auf Marktentwicklungen kaum einzugehen. Die Filmindustrie blieb von den illegalen Downloads

---

[185] Cheng, Jacqui (2009.04.20.): Study: pirated biggest music buyers. Labels: yeah, right. In: http://arstechnica.com/media/news/2009/04/study-pirates-buy-tons-more-music-than-average-folks.ars (Stand: 01.05.2009)

[186] Öhlinger, Gerhard (2009.02.27.): Geldverdienen im Gratiszeitalter. In: Salzburger Nachrichten

längere Zeit unberührt, da Filme wesentlich mehr Datentraffic verursachen. Mit der ständigen Entwicklung der Technik wurden die Breitband-Anschlüsse schneller, Traffic-Limitierungen der Provider fielen weg und so stand auch dem Streamen und Downloaden von Filmen über das Internet nichts mehr im Weg. Die Herausforderung der sich alle stellen müssen wird sein, dass neue Geschäftsmodelle gefunden werden, die einerseits den Austausch von Wissen und Kulturgütern ermöglichen, aber andererseits auch die Urheber und Verwerter angemessen entlohnen.

Da das System BitTorrent eine sehr effektive Methode zum Download von großen Dateien wie zum Beispiel Filmen ist, sich am Markt etabliert und enorme Nutzerzahlen aufweist, wären solche Systeme m.E. durchaus für die Filmindustrie interessant, die immer nach neuen Absatzwegen für ihre Werke sucht. Tatsächlich finden immer öfter Gespräche zwischen Content-Herstellern und Downloadplattformen statt.

9 Die Auswirkungen – Warum nicht alles so rosig ist, wie es scheint

Die neue Welt der Distribution, die durch die Digitalisierung möglich geworden ist, ermöglicht dem Filmemacher mehr Möglichkeiten, größere Chancen und mehr Freiheit. Viele Filmhersteller wechseln aus der alten in die neue Welt, weil in der alten Welt kein Platz für sie war oder sie keine Aussicht auf Erfolg hatten.

Vertriebsexperte Peter Broderick vergleicht in seinem Essay die „alte" mit der „neuen Welt" der Distribution und betont vor allem die vielen Vorteile, die die neuen Technologien ermöglichen. In diesem Kapitel soll nun auf Basis seines Essays, dessen Grundlage vor allem auf der in der Folge angeführten Grafik beruht, und den vorangegangenen Kapiteln versucht werden, die tatsächlichen Vorteile, aber auch die Nachteile und Risiken der neuen Distributionsmöglichkeiten aufzuzeigen. Viele Punkte in Brodericks Argumentation sind m.E. wegweisend; manche Aspekte müssen aber bei näherer Betrachtung in Frage gestellt werden. Vorweg sollte festgehalten werden, dass die Grafik m.E. keine allgemein gültigen Maximen aufstellt, sondern ihre Gültigkeit und Anwendbarkeit sehr stark von der Machart und Größe des Filmes abhängt. Am meisten profitieren No- bis Low-Budgetfilme von den neuen Entwicklungen, was sich in Brodericks Grafik widerspiegelt und sich auch mit meinen Erkenntnissen deckt. Denn durch diese Entwicklungen wird erst ihre Herstellung und Distribution ermöglicht, während mit steigender Professionalisierung in der Herstellung - also bei all jenen Filmen, die über No- und Low-Budget hinausgehen - man auch in der neuen Welt rasch an seine Grenzen stoßen kann.

Vergleich der wesentlichen Unterschiede der Distribution nach Peter Broderick:

OLD WORLD DISTRIBUTION	NEW WORLD DISTRIBUTION
Distributor in Control	Filmmaker in Control
Overall Deal	Hybrid Approach
Fixed Release Plans	Flexible Release Strategies
Mass Audience	Core and Crossover Audiences
Rising Costs	Lower Costs
Viewers Reached thru Distributor	Direct Access to Viewers
Third Party Sales	Direct and Third Party Sales
Territory by Territory Distribution	Global Distribution
Cross-Collateralized Revenues	Separate Revenue Streams
Anonymous Consumers	True Fans

Abbildung 64: Vergleich der wesentlichen Unterschiede der Distribution nach Peter Broderick[187]

9.1 Kontrolle

Während in der „alten Welt" Verwertungsrechte und somit die Kontrolle über den Film in der Regel an den Verleih oder Vertrieb abgegeben wird, bleibt die Entscheidungsbefugnis in der „neuen Welt" beim Filmemacher. Er wählt für verschiedene Territorien verschiedene Partner aus und kann die Verwertungsstrategien entscheiden oder mitbestimmen. Oft werden Weltvertriebe oder Verleihe kritisiert, falsche oder nicht ausreichende Strategien für den Film anzuwenden. An welchen nationalen Verleih wird der Film verkauft? Welche Rechte werden verkauft? Zu welchen Bedingungen? Welche Festivals werden für einen Filmstart genutzt? Auf welchen Filmmärkten wird der Film vorgestellt? Das Potential des Films bleibt ungenutzt, weil der Weltvertrieb entweder nicht die Ressourcen hat, um sich ausreichend um die Vermarktung zu kümmern oder auch schlicht nach Fertigstellung nicht genug Potential in dem Film sieht und sich deshalb vermehrt anderen Filmen in seinem Katalog widmet.

Dem Filmemacher bleibt in so einer Situation oft nichts anderes übrig, als den Dialog mit dem Vertrieb zu suchen, zu versuchen den Vertrag aufzukündigen oder die Situation einfach zu akzeptieren.

---

[187] Broderick, Peter (2008): Welcome to the new World of Distribution. In: http://www.peterbroderick.com/writing/writing/maximizingdistribution.html (Stand: 12.11.2008)

Da in der „neuen Welt" die Leistungen eines Weltvertriebes de facto nicht mehr in Anspruch genommen werden müssen und dadurch entfallen (können), bleibt somit auch die Kontrolle über die weitere Vermarktung des Films in der Hand des Filmemachers. Er allein kann entscheiden, wie und wo er seinen Film vertreiben und vermarkten will, er allein kann entscheiden, welche Verträge mit welchen Partnern für welche Dauer abgeschlossen werden.

Doch der Eigenvertrieb, die sogenannte DIY(„Do-it-yourself")-Distribution ist alles andere als einfach: Es bedarf - wie in der „alten Welt" - langjähriger Marktkenntnisse, Kontakte und des Wissens über die Möglichkeiten der technischen Neuerungen, um diese optimal nutzen zu können. Die Notwendigkeit dieses Wissens wird jedoch in den meisten Fällen von den Filmemachern unterschätzt: Mit blindem Vertrauen stürzen sie sich auf alle möglichen Ratgeber-Blogs im Internet, sowie „How-to"- und „Ten-Steps-to"-Bücher, um wenig später festzustellen, dass man sich langjähriges Wissen und vor allem Kontakte, die bis dato nur Vertriebe und Verleihe hatten und haben konnten, eben doch nicht durch simple Lektüre aneignen kann. Zumindest findigen Geschäftsleuten ist der Profit sicher: Sie verdienen sich durch die neue Euphorie um die DIY-Methode mit den dazugehörigen Ratgebern die sprichwörtliche goldene Nase. Bei den Filmemachern hingegen bleibt der Profit in der Regel aus. Die von diesen Ratgebern so gern zitierten Erfolgs-Beispiele an „Low-Budget-Produktionen" haben fast ausnahmslos Vertriebsprofis mit langjährigen Marktkenntnissen im Hintergrund gehabt und zeigen absolute Ausnahme-, nicht Regelfälle. Es steht außer Frage, dass durch die Digitalisierung zwar die Werkzeuge für jedermann verfügbar wären, doch auch die Grundlagen für das Fahrrad hätte es schon in der Steinzeit gegeben, nur konnte niemand darauf fahren. Natürlich ist es nicht ausgeschlossen, sich dieser DIY- Methode erfolgreich zu bedienen, aber man muss bereit sein, den Großteil seiner Bemühungen in einen wesentlichen Faktor zu investieren: (Lern)Zeit. Denn einerseits braucht es Zeit, die komplexe Welt der Online-Distribution zu verstehen und andererseits muss ebensoviel Zeit aufgebracht werden, um das Gelernte effektiv und vor allem sinnvoll anwenden zu können. Etwas, das sich die meisten Filmemacher nicht leisten wollen oder können. Tools im Internet versuchen zwar diesen Vorgang zu automatisieren und eine Art fertige Produktverteilung anzubieten, was auf den ersten Blick enorm zeitsparend erscheint, doch diese Rechnung geht nicht auf: Denn - da liegt der Hund begraben - der Verleih und

Vertrieb eines Filmes lässt sich weder automatisieren, noch nach einem einheitlichen Schema abwickeln. Jeder Film ist ein eigenständiges Produkt und bedarf eigens abgestimmter Vertriebs- und Marketingstrategien. Ein großer Irrglaube ist, dass die Internetdistribution durch ihre simplifizierte Nutzung etwas an diesem Schema geändert hat, doch, wie es so schön heißt: *nihil novi sub sole*, oder in diesem Falle …in der Welt der Distribution.

Eine technisch äußert einfache und kostengünstige Abwicklung steht also einer nach wie vor sehr schwierigen Vermarktung gegenüber, die in der „neuen Welt" sogar noch schwieriger werden wird: Denn durch die ungeheuren Massen an Content, die das Internet bietet, wird der Konsument immer schwerer erreichbar und kann nur durch gezielte Strategien auf ein Produkt aufmerksam gemacht werden: Und dies geschieht am besten durch einen Online-Distribution-Spezialisten. Der übernimmt z.T. die Aufgaben eines klassischen Vertriebs, weshalb es wie in der „alten Welt" natürlich sinnvoll ist, jenen Spezialisten von Beginn an in das Projekt mit einzubeziehen. Und damit schließt sich gewissermaßen der Kreis: Denn auch im Internet ist man – bis auf wenige Ausnahmen – nur dann erfolgreich, wenn man sich mit den Bedürfnissen des Marktes auseinandersetzt und einen Zugang zu eben jenem Markt findet. Und das erreicht man auch in der „neuen Welt" nur durch Investition: Sei es in Zeit, die man als Filmemacher selten hat. Oder in einen Spezialisten, der Geld kostet.

Ein anderer wichtiger Punkt ist der direkte Verkauf: Durch das Internet wird erstmals der direkte Zugang zum Konsumenten möglich und damit auch eine direkte Verbindung zum Publikum. Die Anzahl der an der Distribution direkt beteiligten Firmen verringert sich so um ein Vielfaches und durch den Direktverkauf bleibt am Ende mehr Geld beim Filmemacher. In der „alten Welt" hingegen mussten sich den Kuchen viele teilen: Weltvertrieb, Verleih und Händler, um nur einige zu nennen. Doch Verkäufe müssen auch zustande kommen: Eine hohe Marge bringt dem Filmemacher rein gar nichts, wenn er nur zehn Stück verkauft. Überhaupt haben die Option des erfolgreichen direkten Verkaufs wiederum nur die, die dem Publikum entweder schon bekannt sind – sei es aufgrund vorangegangener Erfolge, ihres Namens oder ihrer Marke – oder bereits direkte Beziehungen zu Kunden aufgebaut haben – also über eine Art Kundenstamm verfügen. Diesen aufzubauen, ist jedoch ein langwieriger und zäher Prozess. Wie Kevin Kelly in seinem 1000-Fans-Prinzip beschreibt (siehe Kapitel 8.4.), kann es für einen Filmemacher bis zu drei Jahre dauern, 1000 sogenannte „true fans" aufzubauen – und das ist in gewisser Weise noch ein Idealfall. Obsolet wird dieses Verfahren natürlich bei den „One Hit Wonders", die es nicht nur in der Musik, sondern vor allem auch in der Videodistribution gibt.

9.2 Finanzierung & Erlöse

Die Erlöse, die durch herkömmliche Verwertungsformen wie Kino und DVD generiert werden können, erreichten 2008 zwar Rekordwerte, dies ist aber beim Kino - vor allem in den USA - im Wesentlichen auf erhöhte Kinotickets zurückzuführen. Das gute DVD-Sortiment, verbunden mit einer guten Heimkino-Ausstattung trägt zu dem positiven DVD-Verkaufsergebnis bei. Langfristig ist aber mit weniger Einnahmen zu rechnen, sei es bei Kino im Kleinen[188], DVD oder TV-Sendern. Ein Grund dafür ist u.a. das veränderte Nutzungsverhalten von Kids und Jugendlichen. Sie sehen weniger fern, gehen weniger oft ins Kino, verbringen andererseits jedoch mehr Zeit im Internet und konsumieren mehr Videospiele. Reduziert sich das Interesse des Publikums, hat dies natürlich Einfluss auf die Erlöse, in weiterer Folge ergeben sich drastische Auswirkungen auf den herkömmlichen Finanzierungsweg von Filmen, weil Erlöse und damit im Umkehrschluss auch Finanzierungsmöglichkeiten in der neuen Welt noch ausbleiben. Erlöse und Finanzierungsmöglichkeit befinden sich in der alten Welt in einem rapiden Fall. Der vielfach propagierte Rettungsanker der neuen Welt kann die ohnehin schon schwierige Situation bis dato noch nicht maßgeblich verbessern, sondern hat selbst mit enormen Schwierigkeiten zu kämpfen.

Ein elementarer Teil der europäischen Filmfinanzierung sind, durch ihre Auftrags- und Koproduktionen sowie Lizenzgelder, die Fernsehanstalten. Diese reduzieren jedoch, bedingt durch den Zuseherschwund und das Ausbleiben von Werbebuchungen, ihre Aufträge und Koproduktionen. Das betrifft (noch) in erster Linie private TV-Sender, die sich zur Gänze aus Werbeeinnahmen finanzieren. Bei Europas größtem TV-Konzern RTL brachen im ersten Quartal 2009 die Werbeerlöse ein, der Gewinn

---

[188] Anm. d. Verfass.: Trotz Wirtschaftskrise ist der Gesamtrückgang bei den Kinobesuchern nicht so dramatisch, wie befürchtet, wenngleich sich hier ein leichter Abwärtstrend zeigt.

reduzierte sich um alarmierende 53 Prozent.[189] Frankreichs größter, für die Filmfinanzierung sehr bedeutender, kommerzieller TV-Sender TF1 musste im ersten Quartal 2009 ebenso einen Ertragsrückgang von 13 Prozent hinnehmen. Die Folgen: Es wird an Ausgaben gespart, die Anzahl an Auftragsproduktionen und teuren Koproduktionen wird heruntergefahren und oftmals setzt man nun vermehrt auf günstigere Formate wie Serien. Sobald sich kommerzielle Sender vermehrt aus der Filmfinanzierung zurückziehen, bekommen öffentlich-rechtliche Sender wie z.B. ZDF, arte oder ORF[190] unfreiwillig noch mehr Bedeutung in Bezug auf die Filmfinanzierung und Filmproduktion, als sie ohnehin schon haben. Aufgrund des Rückgangs an Konsumenten stehen jedoch auch die Öffentlich-Rechtlichen unter vermehrtem Druck: Sparmaßnahmen stehen dementsprechend hoch im Kurs und dies macht sich nicht selten zuerst am Kulturprogramm bemerkbar. Bestes Beispiel ist hier der ORF: Rund 100 Millionen Euro soll der Verlust im Jahr 2008 betragen haben[191], bedingt durch die Finanzkrise, so der ORF. Als Reaktion auf den Verlust wird gespart, auch am Programm. Eine Ankündigung des ORF das Film/Fernsehabkommen zu überdenken, stieß auf großen Widerstand der ganzen Branche.

> Wenn sich der ORF aus der Kinofilmförderung völlig zurückzieht, ist das der absolute Wahnsinn, ein falsches Signal und auch noch der Tiefpunkt des ORF in seiner Beziehung zum heimischen Kinofilm. Filme, die im Film/Fernseh-Abkommen entstehen, spiegeln eine filmische Identität des Landes und eine Filmkultur wider. Dass diese dem ORF nichts mehr wert ist, sei untragbar.[192]

Aber auch einer weiteren wichtigen Säule der Filmfinanzierung der alten Welt droht zumindest ein Teil-Kollaps. Wenn die Einnahmen der nationalen Verleihe zurückgehen, verdienen die Weltvertriebe naturgemäß ebenso weniger und müssen dann ihre Investitionen zurückfahren und Risiken minimieren. Erschwerend kommt hinzu, dass hinter Weltvertrieben oftmals Fonds oder Banken stehen, die durch die Weltwirtschaftskrise stark ins Schleudern geraten sind. Die Wirtschaftskrise erreicht somit auch die Filmwirtschaft und dort zumeist große Produktionen, die einen entsprechend großen Finanzbedarf aufweisen. Um die Kosten und Risiken möglichst gering

---

[189] Mantel, Uwe (2009.05.07.): RTL Group: Gewinn bricht um über 50 Prozent ein. In: http://www.dwdl.de/story/20855/rtl_group_gewinn_bricht_um_ber_50_prozent_ein/ (Stand: 21.05.2009)
[190] Anm. d. Verf.: Während sich ZDF und arte fast ausschließlich durch Gebühren finanzieren, kamen beim ORF im Jahr 2007 rund 31% aus Werbeeinnahmen, dieser Trend ist nun stark rückläufig.
[191] Menzel, Stefan (2008.11.14.): ORF macht riesigen Verlust. In: http://www.handelsblatt.com/unternehmen/it-medien/orf-macht-riesigen-verlust%3B2088792 (12.04.2009)
[192] Teichmann, Roland, (2009) In: http://mobil.kurier.at/static/276342.html (Stand: 13.04.2009)

zu halten, verhandelt z.B. TF1 mit dem großen Distributor UGC und strebt eine enge Zusammenarbeit an[193], weitere aufsehenerregende Merger werden erwartet, um das Überleben sichern zu können. Reduzierte Einnahmen und die Wirtschaftkrise zwingen auch große Weltvertriebe und Produktionsfirmen zu Sparmaßnahmen.

Wenn Finanzierungsformen wie TV-Sender oder Weltvertriebe ausbleiben, bekommen klassische Filmförderungen ein zusätzliches Maß an Bedeutung. Schon jetzt wäre eine funktionierende europäische Filmwirtschaft ohne sie undenkbar, ihre Wichtigkeit steigt nun noch mehr als bisher. Will man beim gleichzeitigen Rückgang bzw. Ausfall der weiteren Möglichkeiten zur Filmfinanzierung dieselbe Anzahl an Produktionen oder ganz konkret die Budgets halten, müssen die Förderungen wohl ihre Fördertöpfe aufstocken. Dies scheint aber aufgrund der weltweiten Wirtschaftskrise als wenig realistisch. Die staatlichen Budgets werden in Zeiten wie diesen wohl kaum Erhöhungen im Kultursegment erfahren, vielmehr ist mit Kürzungen zu rechnen. Filme, die nun vorrangig für die digitale Distribution bestimmt sind, haben zudem zwei weitere Herausforderungen zu bewältigen, wollen sie von klassischen Förderungen finanziell unterstützt werden: Der ursprüngliche Sinn von Filmförderungen ist der Kinostart, ein solcher ist bei einem rein für das Internet hergestellten Film natürlich nicht der Fall und er wäre damit nicht förderungswürdig. Ein weiteres Problem ist das grundsätzliche Fördersystem: Will der Filmemacher eine Förderung in Anspruch nehmen, begibt er sich in eine gewisse Abhängigkeit, denn je nach Förderung werden bestimmte (kulturpolitische) Themen bevorzugter behandelt als andere. Die speziell für das Internet und damit für ein zumeist jüngeres Zielpublikum produzierten Filme stehen nicht selten in latentem Widerspruch zu den in der Regel bisher geförderten Filmen. Inwieweit Filmförderungen von ihren bisherigen „Ansprüchen" bezüglich förderungswürdiger Filme abrücken, wird sich zeigen. Ein Trend ist jetzt schon zu beobachten: Kulturförderungen werden zwar nicht von heute auf morgen geschlossen werden, doch Förderungen auf Basis wirtschaftlicher Kriterien nehmen stark zu und werden dies wohl auch in Zukunft tun (RTR, DFFF).

Ein nicht viel rosigeres Bild zeichnet die neue Welt, entgegen gerne propagierter Meinungen: Neue Finanzierungsformen und -möglichkeiten können bis dato noch

---

[193] Leffler, Rebecca (2009.05.14.): TF1 in talks with UGC to join forces. In: http://www.hollywoodreporter.com/hr/content_display/news/e3id8b91cde574aee655e690d6a2bb0 3319 (Stand 25.05.2009)

nicht den Ausfall der herkömmlichen Finanzierungsmodelle der alten Welt kompensieren. Warum? Weil die Erlöse im Internet noch ausbleiben. Im Internet herrscht nach wie vor eine „Alles Gratis"-Ideologie und Nutzer sind nur selten bereit, für den zur Verfügung gestellten Content auch zu bezahlen. Wenn sie das machen, dann am ehesten bei hochwertigem Content, sei es technischer oder inhaltlicher Qualität. Auch das Alter der Konsumenten spielt dabei eine wichtige Rolle. Die Nutzer, die laut Umfragen am ehesten für Content zahlen würden, gehören vorwiegend zu den jüngeren Usern. Diese weisen auch die größten Zuwächse hinsichtlich der Internetnutzung auf. Sie sind allerdings jene, die mit der „Alles Gratis" Ideologie aufgewachsen sind und deren Bereitschaft für Content zu zahlen entgegen ihrer Aussagen bisher dementsprechend gering ausgefallen ist. Dass ein Unterschied zwischen Umfragen und tatsächlichen Werten bestehen kann, zeigt auch eine Studie der Sequenth Partners und der Ball State University[194]. Während die Probanten viel länger TV-Programme konsumierten als selbst angegeben, zeigt das Ergebnis bei Online Videonutzung das genau gegenteilige Ergebnis.

Ein weiterer Grund der geringen Umsatzzahlen ist, dass die Riesenchance eines einheitlichen globalen Marktes mit einem ungeheuer großen Potential an Konsumenten durch zwei Tatsachen wesentlich erschwert wird: Zum einen sind dies unterschiedliche territoriale Lizenzmodelle, die eine einfache und schnelle Verbreitung des Materials in der ganzen Welt verkomplizieren, zum anderen sind schlichtweg nicht überall dieselben technischen Grundvoraussetzungen gegeben. Die Internetanschlüsse nehmen zwar weltweit zu, diese reichen aber oftmals nicht aus, um Internet-Streaming in Fernsehqualität ohne Bild- und Tonausfälle zu ermöglichen. Verfolgt man die technische Entwicklung der letzten Jahre, ist es zwar nur eine Frage der Zeit, bis das möglich ist, im Moment hinkt die Verbreitung einer solchen Technik den gegebenen Möglichkeiten aber noch hinterher. Ein weiterer, wenn nicht der schwerwiegendste Grund, ist aber m.E. schlicht und einfach das fehlende Angebot an guten, einfach zu bedienenden legalen Video-Plattformen. Nach derzeitigem Stand ist es leichter und bequemer, einen Film über illegale Wege zu beziehen, als es über legale Plattformen möglich ist. Zurückzuführen ist dies auf die rechtliche Situation: Unabhängig davon, dass sich illegale Plattformen nicht mit der rechtlichen Problema-

---

[194] Brill, Shari Anne (2009.03.21.): Video Consumer Mapping Study. In: http://www.researchexcellence.com/VCMFINALREPORT_4_28_09.pdf (Stand: 08.04.2009)

tik befassen „müssen", sind sogenannte illegale Filesharing-Plattformen auch sehr userfreundlich gestaltet und erleben dadurch eine permanente Erweiterung – nicht zuletzt durch eben jene User. Sollen legale Plattformen die Userzahlen erreichen, die ihre illegale Konkurrenz in der Regel aufweist, müssen Angebot und Usability zumindest mit den konkurrierenden, illegalen Plattformen gleichziehen und rechtliche Grundaspekte überdacht und vor allem vereinfacht werden. Experten werfen teilweise sogar eine äußerst kontrovers diskutierte Frage auf, ob eine Zusammenarbeit mit „illegalen" Plattformen sinnvoll sei, denn bevor die Contentindustrie neue, eigene Plattformen errichtet, die sich dann ja ebenso erst etablieren müssen, wäre es einfacher die User dort abzuholen, wo sie bereits in einer weltweiten, riesigen Community verankert sind.

Erlöse im Internet durch Werbung werden oft als Wundermittel und Geheimwaffe postuliert, damit Inhalte zwar weiterhin kostenlos für die User zur Verfügung stehen, ihren Anbietern aber gleichzeitig Geld einbringen. Setzt der Filmemacher vorwiegend auf Einnahmen durch Internetwerbung, begibt er sich jedoch in ein absolutes Abhängigkeitsverhältnis, wie oft sein Film gesehen worden ist. Es fließen nur pro abgerufenem Videostream oder angeklicktem Banner Gelder auf sein Konto. Die Chance damit erfolgreich zu sein ist hoch, das Risiko eines Misserfolges aber noch viel höher, denn, wenn die Konsumenten den Film nicht annehmen oder nicht gut finden, verschwindet der Film relativ schnell in den Weiten des Internets. Bedingt ist das beim Kino natürlich auch der Fall, jedoch geschieht dies nicht derart rasant wie im Internet. Weiters hat sich herausgestellt, dass Werbung nur bei Inhalten funktioniert, die technische und/oder inhaltliche Mindestqualitätskriterien erfüllen. Bestes Beispiel dafür ist die Videoplattform YouTube: In den Medien wird zwar oft berichtet, dass Nutzer durch YouTube viel Geld verdienen (z.B.: Monty Python), das sind jedoch absolute Ausnahmefälle. Denn hinter diesen Nutzern stehen zumeist professionelle Produktionen, Sender oder Marken. Das vorher zitierte Beispiel der Monty Python ist nicht zuletzt deshalb ein erfolgreiches und funktionierendes Modell, weil es mittlerweile eine etablierte Marke ist, deren Aufbau jedoch Jahre gedauert hat. Der Großteil des hier angebotenen Contents besteht aus UCG, mit dem sich schlicht und einfach kein Geld verdienen lässt. Deshalb ist YouTube gerade dabei, seine ursprüngliche Strategie – nämlich eine Plattform für UCG zu sein („broadcast yourself") – radikal zu transformieren und schließt mehr und mehr Partnerschaften mit Anbietern von professionellen Contents wie Filmstudios oder TV-Sendern ab.

Da der große Geldsegen im Internet noch ausgeblieben ist, hat sich auch noch kein wirklich bewährtes Finanzierungsmodell für reine Internet-Distribution entwickelt. Wenn es selbst Branchenprimus YouTube mit rund 43 Prozent Marktanteil[195] am Videomarkt nicht schafft zufriedenstellende Einnahmen zu generieren, werden Investoren auch weiterhin zögerlich mit neuen Finanzierungsmodellen sein. Neue Finanzierungsmodelle, die sich durch das Internet entwickelt haben (siehe Kapitel 6.4.) zielen eher auf Liebhaberei und die Unterstützung von Kleinstproduktionen ab als auf die Ermöglichung zur Herstellung großer Filme.

Filmemacher, die in der alten als auch in der neuen Welt auf Finanzierungssysteme wie TV-Sender oder Weltvertriebe verzichten (ob gewollt oder nicht) und voll auf das Internet als neue Erlösform setzen, vergessen dabei oftmals ein grundsätzliches, aber wesentliches Problem: Alle möglichen Erlöse erreichen, nicht ganz überraschend, in der Regel erst nach einem potentiellen Publikumserfolg den Filmemacher. Auch wenn sich mögliche Auszahlungen durch digitale Abrechnungssysteme enorm beschleunigen, die ersten Gelder fließen erst Wochen nach Fertigstellung des Films, unabhängig von den neuen Geschäftsmodellen (siehe Kapitel 8.2) im Internet.

Auch wenn die Einnahmen durch digitale Internetdistribution in nächster Zeit um ein Vielfaches zunehmen werden, der Großteil der Filmemacher wird davon nur bedingt profitieren. Wie eine Studie von Anita Elberse verdeutlicht, werden auch in der digitalen Welt vor allem Bestseller am meisten profitieren und damit den größten Teil des Kuchens abbekommen (siehe Kapitel 8.3), während der Rest sich um die Brösel des Kuchens streiten muss. Selbst wenn das oberflächlich betrachtet nach keiner rosigen Zukunft aussieht, muss dazugesagt werden, dass die digitale Distribution für viele Filmemacher überhaupt erst Einnahmen möglich macht. Für kleinere Produktionen oder Nachwuchsfilme liegt der Benefit weniger in einem Geldregen als vielmehr in der Möglichkeit, den Bekanntheitsgrad und den persönlichen Wert zu steigern. Dies kann wiederum bei der Finanzierung des nächsten Projekts förderlich sein bzw. diese erst möglich machen.

---

[195] Siehe Tabelle 3

Fazit: Erlöse, die derzeit über das Internet generiert werden können, sind momentan nur ein möglicher minimaler Zusatzverdienst bzw. ein Zubrot, werden aber in nächster Zeit als Finanzierungsform sicher an Bedeutung gewinnen. Dass sich daraus ernst zu nehmende Finanzierungsformen für größere Projekte entwickeln lassen, wird m.E. aber noch gut 3 - 5 Jahre dauern. Verstärkt wird das Phänomen auch dadurch, dass die großen Player (z.B. Amazon, iTunes) am Internetdistributionsmarkt scheinbar überhaupt kein Interesse am Businessmodell Filmfinanzierung haben. Diese positionieren sich dort „lediglich" als Zwischenhändler verschiedenster Inhalte. Schenkt man Insidern Glauben, dann ist die Strategie von Apple, nicht rein durch iTunes-Verkäufe zu verdienen, sondern vor allem von Synergieeffekten zu profitieren, also dadurch, dass sie mehr markeneigene Hardware (iPhone, MacBook, iPod) verkaufen und diese dadurch pushen können. Bei Lizenzverhandlungen mit Contentherstellern sind sie dadurch m.E. in einer besseren Position, weil sie nicht ausschließlich durch Musik- und Filmverkäufe, sondern eben auch durch den Verkauf von Hardware-Produkten verdienen. Wenn also die Investitionen und Erlöse in der alten Welt zurückgehen, gleichzeitig aber das Internet als neue Finanzierungs- und Erlösform (noch) ausfällt, wird die Finanzierung von Filmprojekten über der Low Budget-Grenze zumindest in den nächsten drei Jahren noch schwerer als bisher, und zwar bis zu dem Zeitpunkt, zu dem sich durch das Internet ansprechende Umsätze ergeben.

Sobald die herkömmlichen Filmfinanzierungssysteme nicht mehr greifen und diese aktuell durch die Finanzkrise noch mehr unter Druck geraten und Erlöse ausbleiben, werden entweder wie beim Independent-Film die Budgets reduziert, um eine generelle Herstellung nicht zu gefährden oder wie bei Majors die Produktionszahl gesenkt. Das US-Studio Disney vermeldete im Mai 2009 einen Gewinneinbruch bei der Kinosparte um 97 Prozent, vor allem aufgrund weniger Kinoeintritte und DVD-Einnahmen. Als Reaktion auf den Gewinnrückgang entschloss sich Disney weniger Filme herzustellen. Waren es 2006 noch 18 Filme, reduzierte sich die Zahl 2008 auf 13. Experten sehen die Auswirkungen der Finanzkrise jedoch auch positiv: So sehen sie in der Entwicklung einen schleichenden Reinigungsprozess, da laut ihnen gerade in den letzten Jahren sowieso viel zu viele Filme produziert worden seien. Während vor allem kleinere Filme an Anzahl zulegen werden, da sie weiterhin relativ problemlos finanziert werden können, werden auch Mainstream-High-Budget-Filme weiterhin existieren, jedoch nicht in solch massiver Quantität wie bisher, „am härtesten getroffen ist die Mittelklasse, Produktionen von ungefähr 8 - 20 Mio. Dollar. Das sind oft Filme, die nicht Fisch, nicht Fleisch sind, Kompromissprodukte, meist nur ein wenig explosivere Fernsehproduktionen." Während sich der Markt in der alten Welt mehr und mehr konzentrieren wird, wird in der neuen Welt genau das Gegenteil eintreffen: Es wird unendlich viele Klein- und Low-Budget-Filme geben, eine noch viel enormere Überflutung als dies bisher in der alten Welt der Fall war, wird dadurch stattfinden, und die damit verbundenen möglichen Einnahmen für den Einzelnen werden beträchtlich geschmälert werden.

9.3 Problemfall Globale Distribution

Das Internet ist ein weltweites Phänomen, jedes Land ist mit dem World Wide Web verbunden. Durch dieses einzigartige Netzwerk entstand ein globaler Markt, wie er zuvor noch nie dagewesen ist. Inhalte können einfach, schnell und quasi kostenlos im Internet angeboten und vertrieben werden. Dies lässt die Film- und Videobranche auf starke Umsatzsteigerungen hoffen. Bis dato ist aber eher das Gegenteilige der Fall gewesen. Territoriale Lizenzmodelle, die in der herkömmlichen Distribution durchaus ihre Vorteile haben, erschweren auf dem globalen Internet-Videomarkt den Filmvertrieb. Der wesentliche Vorteil des herkömmlichen Vertriebsmodells liegt in der Möglichkeit für jeden Staat individuelle Verträge auszuhandeln. Das kann für den Rechteinhaber profitabler sein, als weltweite Lizenzen zu vergeben. Aber auch die Art der Herstellung kann das Lizenzmodell beeinflussen. Bei internationalen Koproduktionen werden die Lizenzen entsprechend der Koproduzenten und Financiers verteilt. Koproduzierende TV-Sender beanspruchen zudem die Onlinerechte für ihr Territorium.

Das System und der Aufbau des weltweiten Netzwerkes Internet hat die Welt zweifellos näher zusammengebracht. Nie zuvor war es möglich so schnell und einfach Informationen und immaterielle Güter über den ganzen Globus zu verteilen und auszutauschen. Die neuen Möglichkeiten des World Wide Web stoßen aber recht schnell auch an ihre Grenzen. Denn sobald Werke verbunden mit Urheberrechten gehandelt werden, wird man zwangsläufig mit dem Territorialprinzip konfrontiert, welches besagt, dass das jeweils gültige Recht des Landes, in dem die Nutzung stattfindet, angewendet werden muss. Hat der Produzent zum Beispiel die Verwertungsrechte an seinem Film für Europa erworben, nicht aber für den Rest der Welt, so kann der Film auch nur in Europa verwertet werden. Der Grundgedanke der Online-Distribution ist somit stark limitiert, der volle Vorteil kann nicht ausgenutzt werden. Erschwerend kommt hinzu, dass in jedem Land verschiedene Gesetze gelten können. Muss man nun für jedes einzelne Land die jeweiligen Rechte einholen, kann das schon die Produktion erschweren, in weiterer Folge auch den Vertrieb.

No- bis Low Budget-Filme können wiederum oft die ganze Bandbreite des Internets ausnutzen, da sie den Film komplett eigenproduziert und finanziert haben. Oft auch simpel aus dem Grund, weil sie den Film nicht anders finanzieren konnten. Der Geldmangel hat sie dann auch gezwungen auf bestimmte Lizenzen zu verzichten, bei der Filmmusik muss oft gespart werden. In einigen Fällen wird aber dennoch Musik eingesetzt, deren Rechte aber nicht geklärt wurden. Die Filmemacher besitzen zwar alle Verwertungsrechte an dem Film, nicht aber an der eingesetzten Musik. Dies macht, da das Internet selbstverständlich kein rechtsfreier Raum ist, eine Online-Verteilung unmöglich. Da aber der Großteil der „neuen Filmemacher" diesen Aspekt nicht berücksichtigt, finden sich solche Beispiele in großer Menge im Internet, z.B. auf YouTube. Das Resultat: YouTube sperrt diese Videos, bis dahin generierte Einnahmen durch Werbebeteiligungsmodelle werden wieder eingezogen.

YouTube versucht jedoch mehr und mehr die Rechteinhaber, deren Rechte verletzt werden, an den Erlösen zu beteiligen, um so einer Klage zu entgehen und auch den Urhebern Einnahmen zu garantieren (siehe Geschäftsmodelle Werbung). Viele Rechteinhaber akzeptieren dieses Modell und können anstatt langwieriger Klagen Lizenzgelder lukrieren. Somit werden Gesetzesbrüche „toleriert" und nicht verfolgt, vielmehr partizipiert man daran. Stellt sich dabei nicht die Sinnhaftigkeit des Gesetzes in Frage? Beispiele für das Lizenzproblem gibt es zuhauf. Immer mehr Videos auf YouTube können in bestimmten Ländern nicht abgespielt werden. Der Großteil des in den USA angebotenen Contents wie Hulu, NBC, iTunes ist in Europa nicht abrufbar.

Will man das volle Potential des globalen Online-Videomarkts nutzen, müssen die bestehenden Lizenzmodelle für den Online-Vertrieb überarbeitet werden, um tatsächlich eine einfache, weltweite und legale Verbreitung zu ermöglichen. Es ist weder für die Rechteinhaber noch für die Aggregatoren sinnvoll, wenn Kunden einen Service nutzen und jedes zweite Video nicht ansehen können. Der Effekt, der erreicht wird: Der genervte Kunde wird den Service nicht mehr nutzen.

Abbildung 65: Inhalte von Hulu können im Moment nur in den USA konsumiert werden.

Viele Firmen haben schon begonnen fehlende Rechte in ihrem Katalog nachzukaufen, um so einen lückenlosen Vertrieb zu ermöglichen. So meint Anthony Soohoo, Senior Vice President von CBS Interactive's, Abteilung Entertainment and Lifestyle:

> Our goal is to make as much content available online as possible. We were able to get the international rights of these clips. At this point, we're learning to walk before we can run.[196]

Die Europäische Kommission hat 2008 das Thema der Multi-territorialen Lizenzen aufgegriffen und schlägt eine Neuorientierung vor. Kommissarin Viviane Reding argumentiert, dass überregionale Lizenzen notwendig sind, damit sich ein einheitlicher europäischer Markt entwickeln kann. Eine Studie der Metadata Image Library Exploitation (MILE) zum Thema Multi Territory Rights Licensing (MTRL) fasst die Debatte wie folgt zusammen:

> There are opposite opinions on an eventual EC recommendation for MTRL (both opposite opinions use the same arguments to sustain their positions - cultural diversity-). MTRL main limit is intrinsic: the recommendation should at the same time be general (fair) and user oriented (representative of cultural diversity and of different perception of the IPRs). Globalization is the most challenging driver: MTRL limited to European countries may stimulate piracy and generate jurisdiction conflicts or migration of copyrights towards countries which grant longer IP duration. Furthermore, MTRL could become obsolete proposing normative recommendations in a fast changing technology dependent domain and strongly market dependent. Although there is a strong demand for pan-European legislation, eventual MTRL could not be

---

[196] Lawler, Ryan (2009.02.24.) CBS's TV.com Goes International. In: http://www.contentinople.com/author.asp?section_id=450&doc_id=172616 (Stand: 26.03.2009)

addressed nor limited to EU countries. The effects would limit the potential of European countries and the rising market potentials. More than Recommendations from the EC, some stakeholders are in favour of EC Directives or supporting the harmonization and improvement of existing international agreements.[197]

9.4 Marketing kostet weiterhin viel Geld oder viel Zeit

Der weltweite Trend von rückläufigen Kinobesucherzahlen und vermehrte Konkurrenz (z.B. Online-Videos, Videogames usw.) zeigten 2008 auch erste Konsequenzen in der US-Filmindustrie. Um das Interesse des Publikums und einen erfolgreichen Kinostart zu gewährleisten, wurde in den letzten Jahren immer mehr Geld in Filme, vor allem ins Marketing, investiert. Die Gesamtkosten eines von US-Majors gestützten Independent Label-Filmes haben sich 2007 im Schnitt auf 74,8 Millionen Dollar erhöht, wobei allein 54 Prozent des Gesamtbudgets für Marketing ausgegeben wurde.[198] Das dürfte selbst den Majors zu viel geworden sein. Als ersten Schritt haben die Studios die nicht profitablen Independet Outlets geschlossen oder in das Studiosystem integriert. New Line, Picturehouse, Warner Independent Pictures sind einige Independent Labels von Studios, die geschlossen wurden, um nur ein paar Beispiele zu nennen[199]. Stattdessen setzen sie noch stärker auf die Blockbusterstrategie, was Filme wie „Batman", „Wolverine" oder „Star Trek" zeigen. Der aktuelle „Stark Trek"-Film wird bei Produktionskosten von 140 Millionen Dollar mit unglaublichen 150 Millionen Dollar Marketingbudget unterstützt, vor allem, um die „Generation Twitter" zu erreichen und für den Film zu begeistern.[200]

In Europa sind die durchschnittlichen Marketingkosten deutlich niedriger; so liegt der Wert bei deutschen Kinoproduktionen bei durchschnittlich 5 Millionen Euro. Der Grund hierfür ist in der Refinanzierbarkeit der Produktionen zu suchen: Während die US-Studios auf den Weltmarkt abzielen, steht europäischen Produktionen - theoretisch - zwar derselbe Markt zur Verfügung, in der Praxis kann aber zumeist nur ein sehr begrenzter Raum erreicht werden. Das Argument, dass durch die Digitalisierung

---

[197] Minelli, Sam H. (2008): Creative Content Online: Multi Territory Rights Licensing, the European Commission Regulatory Consultation, and the Orphan Work issues. In: http://www.mileproject.eu/asset_arena/document/LI/IPR_CEPIC_JUNE_2008_ORPHAN_WORKS_MULTI_TERRITORY_LICENSING_ALI.PDF (Stand: 24.04.2009)
[198] Nakashima, Ryan (2008.08.05.) Time Warner to shut Picturehouse, Warner Independent studios. In: http://www.usatoday.com/life/movies/news/2008-05-08-time-warner_N.htm (Stand: 26.12.2009)
[199] ebd.
[200] o.V. (kein Datum): Mit Retroflair durch unendliche Weiten. In:http://www.orf.at/090505-37980/index.html (Stand: 28.05.2009)

nicht mehr solche Unsummen in das Marketing fließen müssen, ist ein vielstrapaziertes, jedoch muss man dies differenzierter sehen.

Widmet man sich z.B. dem Schlagwort „Virales Marketing" - das richtig eingesetzt sicherlich bestens funktionieren kann - werden die ersten Schwierigkeiten schon ersichtlich: Viele selbst ernannte Internet-Filmvertriebsexperten oder Distribution-Ratgeber-Blogs nennen im Zusammenhang mit Online-Video-Vertrieb immer das Phänomen Virales Marketing. Dabei verweisen sie immer auf fantastischste Beispiele wie z.B. Susan Boyle, eine Teilnehmerin einer Casting Show in England, deren Video ohne besondere Bewerbung auf YouTube innerhalb von nur 10 Tagen knapp 40 Millionen Mal gesehen wurde. Sie vertreten die Meinung, dass es durch das Internet, verbunden mit dem viralen Marketing-Effekt, jedermann schaffen kann, dass sein Film von tausenden Personen gesehen wird. In der Theorie haben sie nicht Unrecht, in der Praxis ist die Sache aber wesentlich komplizierter. Virales Marketing funktioniert in erster Linie nur bei Angeboten, die aufgrund ihrer Qualität im Stande sind, positive Mundpropaganda auszulösen. Sinnlose, für den Empfänger nutzlose Informationen werden von Usern nicht weitergegeben, der gewünschte Schneeballeffekt tritt nicht ein. Ebenso verhält es sich mit Fake-Einträgen und ganz bewusst eingesetzten Werbebotschaften für einen Film auf Blogs, Foren oder E-Mailverteilern. Diese können zwar tatsächlich ein paar wenige Zuseher dazu bewegen, der Botschaft zu folgen, aber schließlich und endlich sieht der User auch hier keinen Mehrwert und wird die Botschaft kaum weiterleiten, ganz zu schweigen von einem potentiellen Erwerb des beworbenen Produkts. Zudem lässt sich feststellen, dass die erfolgreichsten viralen Kampagnen fast ausschließlich von größeren Firmen in Auftrag gegeben wurden.

Das System des viralen Marketings also per se als Mittel zur erfolgreichen Filmdistribution heranzuziehen, ist somit mehr als gewagt. Ob virale Marketingaktionen für einen Film funktionieren, hängt aber auch sehr stark von der Machart und der Art des Filmes ab. So wurden bei dem Horror-Spielfilm „Blair Witch Project", der in Form einer Pseudo-Doku gedreht wurde, bereits vor dem Kinostart absichtlich irreführende Informationen über den Film im Internet verbreitet, um so Diskussionen über drei vermisste Studenten auszulösen. Der Mythos innerhalb der Geschichte, die Pseudo-Realität und die heftigen Debatten darüber ließen die Clips rund um die Welt gehen und erzeugten ein weltweites Interesse. Bei Produktionskosten von 60.000 Dollar spielte der Film schließlich bis dato beachtliche 250 Millionen Dollar ein.[201] Virale Aktionen konnten bei dieser Filmart bestens eingesetzt werden, schwerer wird es jedoch bei Filmen, die entweder klassische Geschichten erzählen oder klassischen Erzählstrukturen folgen. Der siebte Liebesfilm mit Hugh Grant kann auf diesen Effekt sicherlich weniger setzen, verkörpert er jedoch - entgegen seines üblichen Rollenbildes - einen blutrünstigen Psychopathen, wird die Community eher darüber diskutieren und damit virale Effekte auslösen. Das Konzept des Auffallens ist nicht neu und zeigt sich auch deutlich in der Filmindustrie: Kleine Filme haben nur dann eine Chance, wenn sie durch Geschichte, Machart oder Darsteller etwas Ungewöhnliches, Neues und vor allem etwas, worüber Communities diskutieren, zeigen.

Heutzutage reicht es also nicht mehr, einfach ein Video ins Internet zu stellen und auf Mund-zu-Mund-Propaganda zu hoffen. Es bedarf vielmehr genauer Überlegungen und Strategien, um den Effekt des automatischen Verbreitungssystems nutzen zu können. Um in den Weiten des Internets aufzufallen, braucht es kreative Pointen. Ob diese dann auch zum Produkt, in unserem Fall zum Film passen, denn um dessen Bewerbung geht es ja, ist eine andere Frage. Die erfolgreichsten viralen Spots sind meistens überraschend oder lustig. Das ist jedoch oftmals nur sehr schwer mit bestimmten Filmgenres vereinbar.

Die Aussicht auf virale Marketingerfolge bei Filmen bleibt also immer ein gewagtes Spiel. Zwar investiert man beim viralen Marketing nicht sonderlich viel Geld in Werbemaßnahmen - das Risiko ist also geringer als beim herkömmlichen Weg -, greifen diese jedoch nicht, ist der Filmstart trotzdem vergeigt und man verschwindet in den Tiefen des virtuellen Raumes.

> However, much as it is when the film permits, the viral marketing is expensive and demands substantial resources (human, financial and computer).[202]

---

[201] o.V. (kein Datum): The Blair Witch Project (1999). In:
http://boxofficemojo.com/movies/?id=blairwitchproject.htm (Stand: 01. 06. 2009)
[202] Sanchez, Anne (2007): Viral Marketing and Community Sites, Mercredi Agency. Industry Report October 2007

Heute wirkliche Viralität zu erreichen, erfordert Kreativität, etwas Glück und eine Menge harte Arbeit.[203]

Durch die Möglichkeiten der Digitalisierung, hat (auch der kleine) Filmemacher die Option, selbst initiativ zu werden, d.h. Marketing, und dabei speziell virales Marketing, zu betreiben. Der große Vorteil dieser Methode ist, dass sie oberflächlich betrachtet, um ein Vielfaches günstiger ist als alternative Modelle. Will man virales Marketing jedoch für sich und sein Produkt in Anspruch nehmen, braucht man vor allem eines: viel Zeit. Durch die Komplexität der Wirkungsweise von viralem Marketing, auch in Kombination mit Film, muss der Filmemacher diese investieren. Die eingesetzte Arbeitszeit ist per se auch nicht gratis, und obendrauf bleibt ein großer Unsicherheitsfaktor bestehen, nämlich, ob die selbstgewählten Strategien auch Wirkung zeigen. Oft wird der Satz, „Wer im Internet erfolgreich sein will, muss schnell sein", in Zusammenhang mit Internet-Geschäftsmodellen genannt. Vertreibt der unerfahrene Filmemacher nun seinen Film selbst, bedarf es einigen Lernprozesses, um erfolgreich arbeiten zu können, von Schnelligkeit kann hier also nicht wirklich gesprochen werden. Ebenso stellt sich die Frage, ob der Filmemacher überhaupt Zeit damit verbringen will, den Film zu vermarkten. Ein Großteil der Kreativen würde sich sicher lieber mit neuen Projekten beschäftigen, als an Marketing und Vertrieb zu denken.

Will man sich Zeit und Mühe sparen, sowie das Risiko einer misslungenen Internetvermarktung minimieren, kann natürlich auch hier Geld Probleme lösen. Man überlässt das virale Marketing einer professionellen Firma, womit sich andererseits aber wiederum der Kreis schließt, denn auch hier lautet die Devise: Je mehr Geld in eine Kampagne fließt, desto sicherer ist der Erfolg. GoViral, eine international agierende Spezialagentur für die Distribution von Videos, garantiert dem Kunden pro 30 Cent einen Abspielvorgang, für 300.000 Euro gibt es mit Rabatt also eine Million Views.

Virale Erfolge und YouTube-Ruhm sind also käuflich und zeigen somit deutlich, dass auch in der neuen Welt das gleiche Problem bestehen kann wie in der alten Welt. Je mehr Geld in die Bewerbung investiert wird, desto höher sind die Aussichten auf Erfolg. Die Hoffnung, die viele in die neue Welt gesetzt haben, wird damit schnell

---

[203] Ackermann Greenberg, Dan (2007.11.22.): The Secret Strategies Behind Many „Viral" Videos. In: http://www.techcrunch.com/2007/11/22/the-secret-strategies-behind-many-viral-videos/ (Stand: 12.01.2009)

zerschlagen. In der alten Welt lautete die Argumentationsweise immer sehr ähnlich: Die großen Studios haben nur Erfolg, weil sie Unsummen von Geld in das Marketing und damit die Bewerbung ihres Films stecken. Die Hoffnung: Durch das neue System soll Chancengleichheit entstehen. Die Realität: Auch in der neuen Welt wird der leichter Erfolg haben, der auch bereit ist zu investieren. Im Grunde genommen ändert sich also nichts an der finanziellen Investition per se. Was sich jedoch ändert ist, dass der Filmemacher seinen Film nun selbst vertreiben kann und dieser auch die Möglichkeit hat, gesehen zu werden. Das war früher gar nicht möglich, weil die traditionellen Vertriebsstrukturen in der alten Welt auch heute noch nur eine begrenzte Zahl an Filmen aufnehmen können.

9.5 Filmindustrie ist nicht gleich Musikindustrie

Bei der digitalen Distribution und den Neuerungen, die das Internet ermöglicht, werden oftmals Parallelen zwischen Musik- und Filmbranche gezogen. Diese Darstellung ist allerdings eine sehr verkürzte. Denn schon die Ausgangsbasis der beiden Branchen ist eine andere: Die Sprache der Musik ist weltweit dieselbe und in diesem Sinne auch verständlicher als die Filmsprache. Damit erschließt sich der Musikwelt von vornherein schon ein viel größerer Markt als dies vergleichsweise beim Film möglich ist. Dadurch, dass der Film viel mehr auf ein differenziertes System diverser Codes zurückgreift (wie z.B. Sprachcodes, kulturelle Codes, visuelle und auditive Codes) bleibt er restringiert und das globale Verständnis wird erschwert. Um ein simples Beispiel zu geben: Der von Kritikern hoch gelobte oscar-prämierte japanische Film „Departures" setzt in seiner Thematik vor allem auf kulturelle und lokal verständliche Codes, die zuweilen in anderen Kulturkreisen, wie z.B. dem deutschen, wenig bis gar nicht verstanden werden. Zudem braucht der Film – aufgrund der unterschiedlichen Sprachen – immer einen Vermittler (Untertitel, Synchronisation). Kehrt man das Verhältnis allerdings um und nimmt die Musik als komparativen Wert, ist dieser Code auf einmal aufgelöst: Denn die deutsche Band „Tokio Hotel" löst in Japan wahre Kreischhysterien aus, die sprachliche Barriere ist zwar auch hier gegeben, jedoch steht über all den kulturell und sprachlich trennenden Codes der universell verbindende Code: die Sprache der Musik.
Wobei hier natürlich auch das Phänomen Teenieband nicht außer Acht zu lassen ist und sicherlich auch japanische Filme weltweit erfolgreich laufen können, wenn sie

sich der Erwartungshaltung anderer Kulturkreise anpassen und genau dieses Genre bedienen (z.B.: japanische Kampftechniken).

Ein weiterer Grund, warum die beiden Branchen bezüglich ihrer Verbreitungsmöglichkeiten im Internet nicht verglichen werden können, ist auf technischer Ebene zu suchen und zu finden: Weil Musiktitel viel geringere Dateigrößen aufweisen als Filme, hat das legale oder illegale Downloaden und damit die Verbreitung schon viel früher eingesetzt. Auch Nutzer mit langsamen Leitungen konnten und können diese Dateigrößen relativ problemlos up- oder downloaden, wohingegen dasselbe Prozedere bei einem Film bedeutend länger braucht und auch bessere Leitungen benötigt. Um dieses Prozedere auch beim Film zu erleichtern, entstehen nun erst nach und nach die nötigen technischen Ressourcen. Fazit: Während die Bandbreite für das Streaming von Musiktiteln für quasi alle Nutzer schon jetzt ausreicht, braucht es für den Filmvertrieb noch massive technische Investitionen und Anstrengungen, um das Videostreaming auf einem gleichen Level zu ermöglichen und die globale Masse zu erreichen. Weil mehr Datentraffic bei technisch hochwertigen Filmen verursacht wird, muss auch vom Provider oder VOD-Anbieter mehr dafür ausgeben werden. Dan Rayburn von Businessofvideo.com rechnet mit sechs Cent pro SD-Streaming und neun Cent für High Definition-Streamingkosten[204]. Daraus ergibt sich, dass aufgrund geringerer Traffic-Kosten Musikstücke weit schneller Geld verdienen können als Filme. Die globalen Traffic-Kosten und der verursachte Datentraffic durch neue Komprimierungsverfahren werden in nächster Zeit zwar zurückgehen, aber zweifelsfrei wird der Unterschied zwischen Musik- und Filmvertrieb in Hinblick auf technische Aspekte immer bestehen bleiben.

Auch das Kaufverhalten der Konsumenten divergiert – nicht zuletzt aufgrund der Relevanz des Kaufes: Denn Musik hört sich der Konsument in der Regel öfter an; seine Kaufbereitschaft wird dadurch steigen, da er sich damit das Recht zusichert, den Titel jederzeit hören zu können. Anders gestaltet sich das Bild beim Film: Einen Film sieht man in der Regel 1 - 2 Mal, die Kaufbereitschaft ist dementsprechend niedriger, zumal der Konsument auch andere Optionen hat: Den Film bspw. ausleiht oder wartet, bis dieser im Free-TV ausgestrahlt wird.

---

[204] Rayburn, Dan (2009.03.17.): Detailing Netflix's Streaming Costs: Average Movie Costs Five Cents To Deliver. In: http://blog.streamingmedia.com/the_business_of_online_vi/2009/03/estimates-on-what-it-costs-netflixs-to-stream-movies.html (Stand: 24.04.2009)

Früher wurden ganze Musikalben gekauft, der User konzentriert sich aber meistens nur auf einen Musiktitel (bspw. die Singleauskoppelung) und nicht mehr auf das ganze Album. In der Musikbranche ist es für den Konsumenten - trotz Gegenbestrebungen - nun möglich geworden, auch einzelne Titel zu erwerben, der Film kann jedoch immer nur als Gesamtwerk angeboten werden. Konsumenten sind aber eher bereit genau für das von ihnen gewünschte Lieblingsmusikstück ein Euro auszugeben als für das komplette Album mindestens das 10-Fache. Dieses Modell ist für den Film schlichtweg unanwendbar, da Filme nicht zerstückelt werden können ohne ihren ursprünglichen Sinn zu verlieren und damit für den Käufer unattraktiv werden.

Als ein weiteres Argument zur Unterscheidung der beiden Märkte können die unterschiedlichen Rechte ins Feld geführt werden: Bei einem Filmwerk gilt es viel mehr unterschiedliche Rechte zu klären bzw. zu erwerben als vergleichsweise bei der Musik. Filmvertrieb ist dadurch um ein Vielfaches komplexer als Musikvertrieb und der Vergleich, das kann resümierend festgehalten werden, hinkt.

9.6 Neues Nutzungsverhalten, neue Rahmenbedingungen

Während immer mehr Zeit im Internet verbracht wird und das Fernsehen in naher Zukunft von diesem technologisch jüngeren System überholt werden wird, heißt das nicht zwangsläufig, dass weniger TV-Inhalte konsumiert werden, vielmehr wird sich die Art, wo und wie konsumiert wird, stark verändern. Der zukünftige Nutzer bewegt sich weg vom reinen passiven Konsumieren, hin zum aktiven Agieren. Er entscheidet was, wann und wo er sein Lieblingsprogramm sieht. Entweder am PC, der viel Interaktion und Aktion erlaubt, oder unterwegs mit portablen Endgeräten oder bequem im Wohnzimmer mit dem Fernseher: die sogenannten „Three Screens". Lineares Fernsehen mit fixem Programm wird an Bedeutung verlieren, jedoch nicht verschwinden. Vor allem gesellschaftlichen Live-Events und Nachrichten wird weiterhin große Bedeutung im TV zugemessen.

Der zukünftige User will selbst wählen, wo er seine Lieblingsprogramme sieht und hierbei treten erste Probleme auf: Denn die komplexen Strukturen der territorialen Grenzen, des Urheberrechts und der damit verbundenen Lizenzrechte bremsen den

User dabei, dass er den gewünschten Content überall konsumieren kann. Kann er das nicht, wird der gewünschte Content, das hat sich in den letzten Jahren gezeigt, über andere Mittel und Wege besorgt. Die Nachfrage nach Online-Inhalten war und ist also gegeben, wurde aber seitens der Contentanbieter nicht befriedigt. Dieses Faktum und die Tatsache, dass durch die Digitalisierung verlustfreies Kopieren von medialen Inhalten möglich geworden ist, ist m.E. ein wesentlicher Grund, weshalb Filesharing-Systeme wie Napster oder Kazaa so populär geworden sind. Der Erfolg dieser Plattformen ist gar nicht so sehr darin zu sehen, dass sie gratis Content angeboten haben und anbieten, das ist allenfalls ein angenehmer Nebeneffekt, sondern vielmehr darin, dass sie die generelle Nachfrage befriedigen, über ein enormes Angebot verfügen (unabhängig welche Nische) und äußerst einfach zu bedienen sind.

Legale Plattformen können hier oftmals nicht nachziehen, allein schon aus Gründen der Rechteklärung, sogenannte „illegale" Plattformen bzw. deren Nutzer jedoch kümmern sich erst gar nicht weiter um Urheberrechte.

Trotzdem muss festgehalten werden, dass legale Plattformen erst viel zu spät eingestiegen sind, als Ausnahme sei hier Apples iTunes erwähnt, welche den Online-Vertrieb von Musik und Videos im Internet auch legal salonfähig machten. Es braucht neue Lizenzsysteme sowie ein neues Rechtsverständnis, wenn man gegen illegale Plattformen vorgehen und ihnen mit legalen Plattformen Paroli bieten will. Die Klagen der Musik- und Filmindustrie gegen Filesharer und deren Plattformen sind nachvollziehbar, da jene lediglich die ihnen per Gesetz zustehenden Rechte schützen und damit ihre Einnahmen sichern wollen, doch auch hier hat die Geschichte gezeigt, dass, sobald eine Plattform per Gerichtsurteil schließen musste, im Hintergrund die User bereits an neuen, verbesserten Plattformen gearbeitet hatten (z.B.: Bit Torrent) und diese schließlich und endlich durch die mediale Aufmerksamkeit noch viel mehr User lukrieren konnten als die Vorgängermodelle.

Die Frage der Schuld außer Acht lassend, ist ein Faktum ganz klar: Durch Pirate Bay können urheberrechtlich geschützte Werke tatsächlich sehr leicht bezogen werden. Die Betreiber der Seite bestreiten jegliche illegale Aktivität, auch wird auf Pirate Bay kein illegaler Content gehostet. Der Inhalt der Klage vom Februar 2009 lautete dementsprechend auch „nur": Beihilfe zu schwerer Urheberrechtsverletzung (siehe

Kapitel 5.5). Wenn man die Anklage gegen Pirate Bay jedoch mit aller Konsequenz weiterverfolgt, müsste man auch Google verklagen, die im Grunde genommen auch keine Daten direkt speichern, vielmehr auf diese durch Links verweisen. Einen Schritt weiter geht Googles Tochterfirma YouTube. Hier werden sehr wohl urheberrechtlich geschützte Werke gespeichert, und die Historie zeigt: Bevor man sich mit Branchenprimus Google und seinen Tochterfirmen anlegt, verbrüdert man sich lieber. So haben einige große Plattenlabels ihre Klagen gegen YouTube eingestellt und gegen Werbebeteiligungsmodelle eingetauscht. Das Label Universal verdiente im Jahr 2008 mit dem Videostreaming rund 100 Mio. Dollar. Das meiste davon kommt aus der Kooperation mit YouTube. Es ist klar ersichtlich, dass durch vermehrte weitere Nutzung von Inhalten zusätzlich Geld verdient werden kann. So verdient z.B. Universal auf YouTube nicht nur, wenn sie selbst Videos zur Verfügung stellen, sondern auch dann, wenn User ihr Material hochladen, wird Universal an den Einnahmen beteiligt. Diese Zusatzeinnahmen für Universal sind beachtlich und das ohne jeglichen Mehraufwand für das Label selbst.

Es scheint als könne man an dieser Kooperation ein Exempel statuieren: Die Kooperation von Universal und YouTube-Usern ist nach derzeitiger Gesetzeslage per se verboten, wird jedoch paradoxerweise geduldet und so stellt sich die elementare Frage: Auf welcher Grundlage macht das bestehende Gesetz überhaupt noch Sinn? Oder ist jetzt eine Reformation bzw. Assimilierung an die neuen Gegebenheiten zwingend?

Gerfried Stocker, Direktor der Ars Electronica in Linz, fasst die Entwicklung sehr treffend wie folgt zusammen:

> Man kann resümierend sagen, dass beide Extrempositionen nicht haltbar sind. Weder die, dass wir jetzt so einen neuen Turbokapitalismus rund um Informationen wie Internet schaffen, aber auch die ganz andere Position wie „alles frei, alles gratis" ist natürlich genauso nicht haltbar. Beide müssen sich von ihren Polen hereinbewegen in eine Mitte, die eine tragfähige Plattform sein kann, weil nur dann beides passieren kann. Nämlich dass die kulturelle Wertschöpfung, die intellektuelle Wertschöpfung steigt, und dass wir natürlich auch eine Ökonomie dafür entwickeln können, die in der Lage ist, unsere Gesellschaft in ihrem Wohlstand weiterzubringen und zu erhalten.[205]

---

[205] Stocker, Gerfried (2008.09.08.): Interview in ORF TV-Sendung „Kulturmontag"

9.7 Wer profitiert, wer verliert?

Dass ein neues Geschäftsmodell immer Gewinner und Verlierer hervorbringt, ist an sich nichts Neues: Die Digitalisierung sieht sich aber von Beginn an mit einer großen, euphorischen Erwartungshaltung konfrontiert, die sie bis dato noch gar nicht erfüllen kann. So sind die erhofften, großen Einnahmen bisher noch weitgehend ausgeblieben, was wiederum eine kontinuierliche Bearbeitung neuer Geschäftsmodelle bedingt, um die angestrebten Erlöszahlen doch noch erreichen zu können. Interessant an der Entwicklung ist vor allem, dass schon jetzt Firmen profitieren, gleichzeitig aber auch schon Verlierer zu beklagen sind und das alles, obwohl der digitale Filmvertrieb genau genommen noch in seinen Kinderschuhen steckt.

Eines steht mit Sicherheit fest: Hauptprofiteur der Digitalisierung ist und bleibt der Konsument. Noch nie war es so einfach, bequem und vor allem kostengünstig für ihn auf eine schier unbegrenzte Menge von Content zugreifen zu können – und das vom heimischen Sofa aus, vom Laptop im Café oder auch vom Handy in der U-Bahn. Er ist nicht mehr beschränkt auf lokale Videotheken und ihr Angebot, braucht keinen Händler mehr, er loggt sich schlicht und einfach ins Internet ein und geht online shoppen. Zudem ist er auch an kein Fernsehprogramm mehr gebunden, sondern sein eigener Programmdirektor. Um es auf einen Nenner zu bringen: Der Konsument bestimmt, was er sieht, wann er es sieht und wo er es sieht. Allerdings muss eingeräumt werden, dass zu viel Angebot auch Probleme mit sich bringen kann: Der Konsument verirrt sich möglicherweise im Dschungel an Content, spezielle Filtertools und Suchmaschinen sollen ihm helfen auch im Dickicht des Angebots zu finden, was er sucht.

Namhafte Aggregatoren mit großem Rechtekatalog wie Amazon oder iTunes sind sicher die großen Gewinner der digitalen Distribution. Sie profitieren durch billige Distributionswege und erhalten zudem soviel Content wie noch nie zuvor. Da sich ihr Lager im virtuellen Raum befindet, bleiben die Kosten trotz vermehrter Inhalte absolut überschaubar. Aggregatoren verkaufen nur bereits fertig gestellte Ware und gehen somit auch kein Risiko beim Herstellungsprozess ein. Ihre Erlöse generieren sie durch prozentuelle Anteile am Verkaufspreis. Je „gewichtiger" der Rechteinhaber ist, desto mehr muss an ihn abgetreten werden. Bis zu 50 Prozent erhält der Rechteinhaber, das ist verglichen mit den Werten aus der alten Welt sehr viel. Andersrum betrachtet sind 50 Prozent für den reinen Vertrieb und für die Abwicklung des Verkaufs sicherlich auch nicht übel. 50 Prozent können bei einem einzelnen Produktverkauf im Internet zwar manchmal nur ein paar Cent ausmachen, aber die Kombination aus allen Verkäufen, die große Internethändler aufweisen können, lässt schließlich die Kasse klingeln. Ein Aggregator muss also weder in die Herstellung des Contents investieren, noch ist er aktiv daran beteiligt. Er trägt somit absolut kein Risiko und erhält oftmals den gleichen Anteil wie der Hersteller. Verkauft sich das Produkt dann nicht wie gewünscht, ist das für den Händler nicht weiter dramatisch, er kann von der Summe der Gesamtverkäufe profitieren.

Der Produzent oder Rechteinhaber ist naturgemäß von den Verkaufszahlen seines Produkts viel abhängiger als es wie erwähnt z.B. Amazon ist. Je nach Größe der Produktionsfirma können unter Umständen nicht mehrere Filme gleichzeitig hergestellt werden, um eventuelle Erlösausfälle kompensieren zu können. Der Rechteinhaber hat allerdings in der neuen Welt den Vorteil, dass er seine Internet-Vertriebsrechte nicht per se exklusiv vergeben muss. Dadurch ist er nicht an einen einzigen Händler gebunden, vielmehr kann er mehrere Internet-Händler und Download-Plattformen bedienen und so wiederum – ähnlich den Größen Amazon oder iTunes – von der Summe der verschiedenen Erlöse profitieren.

Die nächsten Gewinner sind diejenigen, die die besten Beziehungen zu den großen digitalen Distributoren haben. Denn diese haben nicht nur viele bestehende Kunden im Internet, die vor dem PC sitzen, sie erreichen den Kunden auch dort, wo m.E. nach wie vor zu Hause am liebsten Filme gesehen werden: Im Wohnzimmer. Entweder durch kluge strategische Partnerschaften mit Set-Top-Box-Herstellern (z.B. Amazon mit Sony oder Xbox 360) oder durch eigene Hardware-Services wie AppleTV kann der Kunde das gesamte Filmsortiment bequem am eigenen Fernseher konsumieren. Genau diese Gruppe von Konsumenten ist auch am ehesten bereit, für den angebotenen Content zu bezahlen. Für Filmhersteller ist es allerdings nicht leicht in das Sortiment aufgenommen zu werden, dies ist meist nur über Zwischenhändler möglich. Sehr streng bei der Wahl der angebotenen Contents ist Apple mit dem Service iTunes. Der Hintergrund dürfte wohl sein, dass man die Qualität der Produkte über einem bestimmten Mindestmaß halten will. Die Auslegung des Begriffes „Qualität" liegt hier einzig und allein bei Apple. Ob sich ein börsenorientiertes Unternehmen wie Apple hier eher an kommerziellen oder aber an inhaltlichen Kriterien orientiert, darüber kann spekuliert werden. Ein Blick auf die Startseiten der Services zeigt jedoch durchwegs Ankündigung und Werbebanner für Blockbuster und Hits.

Für kleine Produktionen ist es meist nur möglich über Zwischenhändler bei Internet-Händlern aufgenommen zu werden, eine prominente Bewerbung wie z.b. die Platzierung auf der Startseite ist jedoch eher die Ausnahme. Systeme wie Empfehlungen oder Bewertungen (siehe Kapitel 7.2) helfen jedoch in der Masse des Angebots gefunden zu werden. Es ist jedoch ein Trugschluss zu glauben, dass Produkte mit den besten Bewertungen und den meisten Empfehlungen automatisch auf der Startseite platziert oder dem Kunden vorgeschlagen werden. So wurde beobachtet, dass die US-Onlinevideothek Netflix Filme mit besseren Lizenzbedingungen aber schlechteren oder zumindest gleich guten Bewertungen prominenter listet als Filme, bei denen ihr Erlös geringer ausfällt. Weitergedacht würde dies bedeuten, dass Independent-Filme, die ja meistens nicht so gute Lizenzverträge haben wie Studiofilme, eine realistische Chance hätten vor Blockbustern gelistet oder beworben zu werden. Es wird aber sehr wahrscheinlich vielmehr eine Kombination aus tatsächlichen Verkäufen und Lizenzkonditionen sein.

Wie bei jeder neuen Entwicklung kann eines leider nicht ausbleiben: die Verlierer! Um die Möglichkeiten der Digitalisierung optimal nutzen zu können, muss man bereit sein, sich auf die veränderten Marktbedingungen einzulassen, klassische und in der alten Welt etablierte Wege zu verlassen und neue – wenn auch nicht sofort zu beschreiten – so doch zumindest zu kennen (Stichwort: Freemium-Kapitel 8.2.3), um gegebenenfalls flexibel agieren zu können. Dabei gilt es einige wichtige Punkte zu beachten, damit die digitale Distribution nicht von vornherein zur Falle wird.

Die Mentalität „Kino wird es immer geben – kein Mensch braucht Filme am Handy" ist sicherlich eine Einbahnstraße. Selbstverständlich wird das Kino nicht verschwinden, aber die Sehgewohnheiten verändern sich schon jetzt rapide und ein Stillstand dieser Bewegung ist nicht absehbar. War das Kino früher oft die einzige Möglichkeit, einen Film sehen zu können, hat es diese Rolle jetzt nicht mehr inne; Filme können jederzeit und überall konsumiert werden. Das Kino hat seine ursprüngliche Vormachtstellung eingebüßt, wer sich jetzt in den Kinosessel fallen lässt, um dort dem Filmerlebnis zu frönen, schätzt entweder das gesellschaftliche Ereignis an sich oder den cinematographischen, atmosphärischen Effekt der Kinoleinwand. Der neue Nutzer ist in der Lage zu entscheiden, wo, wann und auf welchem Medium er einen Film sehen will. Nicht mehr das Medium entscheidet, sondern der Nutzer.

Die extreme Gegenposition „Das Internet ist die neue Cash-Cow des Films" hat ebenfalls eine recht kurze Überlebensdauer. Viel zu viele Fragen – rechtlicher, technischer und nutzerbedingter Natur – sind noch offen und bis ernsthafte Revenues möglich sind, wird noch einige Zeit vergehen. Wer jetzt – getragen durch viele selbsternannte Experten und den Hype aus den Medien – vorschnell viel Geld in seine Filmprojekte steckt, weil er glaubt, diese sicher durch die Digitalisierung an den Konsumenten zu bringen, dem wird spätestens beim Folgeprojekt das Geld ausgehen bzw. fehlen, denn er wird aller Voraussicht nach zu wenig Einnahmen generiert haben, um sich erneut dem Risiko einer Geldinvestition aussetzen zu können. Zwar erscheint es auf den ersten Blick recht realistisch einen kleinen Film mit 10.000 Euro Budget refinanzieren zu können, jedoch darf nicht vergessen werden, dass genau in diesem Bereich die Konkurrenz, bedingt durch die Demokratisierung, enorm steigen wird und schon stellt sich die Situation in einem anderen Licht dar: Schon die Refinanzierung von kleineren Beträgen kann extreme Probleme bereiten oder viel länger dauern, als es ein Cash-Flow-Plan vorgesehen hat.

Das Nachsehen werden ebenso jene haben, deren Erlösmodell einzig und allein auf Werbung basiert. Denn damit machen sie sich abhängig von der Anzahl der tatsächlichen Abrufe. Und schon aus der alten Welt weiß man: Soll die Masse erreicht werden, braucht man entweder Geld oder man muss sich eher an kommerziellen als kulturellen Themen orientieren. Zudem bestimmen die Werbekunden, wo ihre Werbung eingesetzt wird. Bei „schwierigen" Themen oder unkonventionellen Filmen besteht die Gefahr, dass Buchungen ausbleiben.

Das klassische, lineare Fernsehen wird an Zusehern verlieren, wenn auch (noch) nicht in so starkem Ausmaß, wie befürchtet. In der älteren Zielgruppe kann das Fernsehen sogar Zuwächse verzeichnen. Allerdings ändern sich die Seh- und Nutzungsgewohnheiten der Konsumenten, nicht mehr das Medium ist entscheidend, vielmehr der Inhalt. Konsumenten suchen ihren Lieblingscontent und holen ihn dort ab, wo er gerade verfügbar ist. Eine logische Folge der ausbleibenden Zuseherzahlen von TV-Sendern wird die Reduktion von Auftragsproduktionen sein. Als Ausweg versuchen TV-Sender ihre Reichweiten zu maximieren, indem sie neue digitale Distributionswege erschließen (z.B. Hulu).

10 Conclusio und Ausblick

Durch die Digitalisierung in Produktion und Vertrieb findet zweifellos eine Revolution statt hinsichtlich der beiden Aspekte, wie Filme produziert und vertrieben werden. Bisher war Filmemachen immer nur für eine recht exklusive Gruppe möglich und vor allem leistbar, diese Strukturen haben sich durch den Demokratisierungsprozess stark verändert. Die niedrigen Investitionen für einen einfachen Film ermöglichen einer Vielzahl von Filmemachern den Einstieg, Tools im Internet verteilen den Film weltweit und machen ihn für jedermann zu jeder Zeit an jedem Ort abrufbar. Neben der Entwicklung des Demokratisierungsprozesses kann man feststellen, dass sich eine starke Trendwende im Nutzerverhalten der Konsumenten vollzieht: Der neue und damit zukünftige Nutzer wird vom passiven Konsumenten zum aktiven Gestalter, der nicht nur unterhalten, sondern auch beschäftigt werden will. Während Videostreams und Interaktivität vor allem in der jungen Zielgruppe einen regelrechten Boom auslösen, bleibt die ältere Zielgruppe tendenziell eher (noch) beim klassischen Fernsehen, in dieser Gruppe steigt der Videokonsum im Internet zwar ebenfalls, jedoch nicht in solch rasantem Ausmaß wie beim vergleichsweise jüngeren Publikum.

In unzähligen Artikeln und Vorträgen werden die Vorteile und neuen Möglichkeiten der digitalen Distribution euphorisch begrüßt und erläutert, vor allem kleine und unabhängige Produktionen sollen davon profitieren können und dadurch erstmals den großen Hollywood-Studios Paroli bieten. DIY (Do it yourself) wurde zum Inbegriff für eine Entwicklung, die dem kleinen Filmemacher suggeriert: Dein Film kann in der ganzen Welt erfolgreich sein. Vergleicht man jedoch das alte mit dem neuen System und analysiert dazu die aktuellen Entwicklungen im Netz, lässt sich resümierend festhalten: Die Zukunft liegt im Internet, es bietet noch nie da gewesene Möglichkeiten für Filmemacher, noch nie war der Einstieg in das Filmgeschäft so einfach und günstig wie heute. Doch noch gibt es viele Fragezeichen rund um das Thema und es gilt viele Hürden und Herausforderungen zu überwinden, will man auf dem weltweiten Marktplatz Internet bestehen.

Finanzierungs- und Erlösmodelle aus dem traditionellen System beginnen mehr und mehr wegzubrechen. Das hat einerseits mit dem Rückgang der Kinobesucher zu tun, andererseits aber auch mit geändertem Nutzerverhalten. Das Internet kann im Moment weder auf der Finanzierungsseite, noch bei den Erlösen annähernd die Ausfälle des alten Systems auffangen. Vor allem aber zeigt sich, dass die oftmals zitierten wahren Gewinner, nämlich die kleinen Filmproduzenten und „neuen Filmemacher", es viel schwieriger haben, als bisher angenommen. Dass dies auch noch länger als von manchen erhofft so bleiben wird, hat mehrere Gründe:

- Mit User Generated Content lässt sich wenig bis kein Geld verdienen. Selbst die weltweit mit Abstand führende Videoplattform YouTube hat die Strategie geändert und setzt nun vermehrt auf Premium Contents von Studios und TV-Sendern.
- Gut verdienen werden weiterhin eher die Bestseller-Artikel. Bis auf wenige Ausnahmen werden Nischenprodukte wenig bis gar keine Einnahmen produzieren können.
- Die Nutzerzahlen mit Breitbandanschlüssen, die zumindest Videostreaming auf DVD-Qualität erlauben, sind noch zu gering, um eine notwendige Masse zu erreichen.
- Territoriale Rechte beschränken das Potential des Internets, da eine schnelle, einfache weltweite Verbreitung nicht möglich ist.
- Der Rückgang bei den Filmverwertungserlösen ist nicht per se mit Piraterie und illegalen Downloads verbunden. Vielmehr spielen auch ein verändertes Nutzungsverhalten der Konsumenten und fehlende bzw. nicht ausgereifte legale Angebote eine Rolle.

Will man die digitale Distribution und die Vorteile, die sich daraus ergeben, nutzen, sollte man als Filmemacher u.a. folgende Punkte beachten:

- Durch die Digitalisierung wird Filmemachen und Filmvertrieb für nahezu jedermann möglich. Dadurch steigt natürlich auch die Konkurrenz um ein Vielfaches.

- Durch billige Produktions- und Vertriebskosten wird es viel mehr kleine Filme geben. Filme mit mittelgroßem Budget nehmen stark ab, High Budget-Filme nur leicht: Die Mitte dünnt aus.
- Bei Internet-Distribution muss nicht nur gegen die vielen neuen Low Budget-Produktionen konkurriert werden, auch gegen die großen Blockbuster, Online-Games, das Internetsurfen und gegen das klassische Fernsehen.
- Erfolgreiche digitale Distribution bedarf, mehr noch als in der alten Welt, der Ausarbeitung einer Verwertungs- und Vermarktungsstrategie. Virales Marketing alleine ist zu wenig.
- Sollen virale Effekte im Internet genutzt werden, muss der Film diesen Effekt auch auslösen können.
- Nur die besten, innovativsten und auffallendsten Filme werden sich durchsetzen. Alles andere bleibt im Datenhighway stecken.
- Soll ein Produkt rein über digitale Kanäle vertrieben werden, müssen die Produktionskosten so gering wie möglich gehalten werden. Bis jetzt hat sich noch kein Businessmodell gefunden, welches verlässliche Revenues erzielt.
- Bewegt man sich in Nischen, gilt sparsames Produzieren umso mehr. Durch die Digitalisierung besteht zwar für viele erstmals die Aussicht auf Aufmerksamkeit, die tatsächlichen Chancen auf finanziellen Erfolg sind aber aufgrund des enormen Angebots am Markt sehr gering.
- Werbung als alleinige Erlösquelle kann sich als fataler Irrtum herausstellen.

11 Quellenverzeichnis

11.1 Literatur

Anderson, Chris (2006): The Long Tail – Der lange Schwanz. New York, Hyperion

Dally, Peter (2008): Skriptum Legal Day Atelier/Masterclass 2008. Bird&Bird

Davies, Adam P/Wistreich, Nicol (2008): The Film Finance Handbook – How to fund your film. London, Netribution Limited

Elberse, Anita (2008.07.29.): Das Märchen vom Long Tail. In: Harvard Business manager

Gerstner, Lou (2007): Das französische Filmfinanzierungssystem - Ressourcen und Mittelverwendung

Jacobshagen, Patrick (2002): Filmrecht im Kino und TV-Geschäft. Bergkirchen, PPVMEDIEN GmbH

o.V. (2005): Filmförderungsgesetz Stand Jänner 2005, Filminstitut Austria

o.V. (2008): RTR Telekom Monitor 4.Quartal 2008. Rundfunk und Telekom Regulierungs-GmbH

Öhlinger, Gerhard (2009.02.27.): Geldverdienen im Gratiszeitalter. In: Salzburger Nachrichten

Popp Wolfgang/Parke, Lennart/Kaumanns, Ralf (2008): Rechtemanagement in der digitalen Medienwelt. In: Media Perspektiven, 9/2008

Sanchez, Anne (2007): Viral Marketing and Community Sites, Mercredi Agency. Industry Report October 2007

Teichmann, Roland (2008): Filmwirtschaftsbericht 2008 – facts+figures 2007. Filminstitut Austria

Thun, Chris (2009.06.02.): Introducing Hollywood's Best Customers

Vickery, Graham/Wunsch-Vincent, Sacha (2007): Participative Web and User-Created Content: Web 2.0, Wikis and Social Networking. OECD

Vilmar, Fritz (1973): Strategien der Demokratisierung. Band I. Sammlung Luchterhand

11.2 Tabellen & Abbildungen

Anderson, Chris (2006): The Long Tail – Der lange Schwanz

Anderson, Chris (kein Datum): About Me. In: http://www.thelongtail.com/about.html (Stand: 12.12.2009)

Broderick, Peter (2008): Welcome to the new World of Distribution. In: http://www.peterbroderick.com/writing/writing/maximizingdistribution.html (Stand: 12.11.2008)

Dally, Peter (2008): Skriptum Legal Day Atelier/Masterclass 2008. Bird&Bird

Davies, Adam P/Wistreich, Nicol (2008): The Film Finance Handbook – How to fund your film

Denissov, Anton (2009): Social Media & User-Generated Content. In: http://www.parksassociates.com/research/reports/tocs/2009/socialmedia.htm (Stand: 04.04.2009)

Deterding, Sebastian/Otto, Philipp (2007): Urheberrecht und Digitalisierung. Bpb: Bundeszentrale für politische Bildung. In: http://www.bpb.de/themen/6CJCCF,0,Urheberrecht_und_Digitalisierung.html (Stand: 22.04.2009)

Elberse, Anita (2008.07.29.): Das Märchen vom Long Tail. In: Harvard Business manager

Gavin, Jamie (2009.01.23.): Global Internet Audience Surpasses 1 Billion Visitors, According to comScore. In: http://www.comscore.com/press/release.asp?press=2698 (Stand: 05.04.2009)

Grinschgl, Dr. Alfred/Serentschy, Dr. Georg (2008): Kommunikationsbericht 2007. Rundfunk und Telekom Regulierungs-GmbH

Kanzler, Martin (2008): Focus 2008 – World Film Market Trends. Marché du Film

Kanzler, Martin (2009): Focus 2009 – World Film Market Trends. Marché du Film

Kanzler, Martin/Hindhaugh, Alison (2009): Russische Föderation 2008 in den Top 5 Kinomärkten Europas. Europäische Audiovisuelle Informationsstelle

Kelly, Kevin (2008.03.04.): 1000 True Fans. In: http://www.kk.org/thetechnium/archives/2008/03/1000_true_fans.php (Stand: 12.03.2009)

Kelly, Kevin (2008.04.27.): The Case Against 1000 True Fans. In: http://www.kk.org/thetechnium/archives/2008/04/the_case_agains.php (Stand: 23.03.2009)

Lipsman, Andrew (2009.03.04): YouTube Surpasses 100 Million U.S. Viewers for the First Time. In: http://www.comscore.com/press/release.asp?press=2741 (Stand: 05.04.2009)

Mangelaars, John (2009): Europe Logs on - European Internet Trends of Today and Tomorrow. Microsoft EMEA

o.V. (2007): 2007 International Theatrical Snapshot. MPA

o.V. (2007): Theatrical Market Statistics 2007. MPAA

o.V. (2007): Video-on-Demand in Europa. NPA Conseil

o.V. (2008): 2008 Theatrical Market Statistics. MPAA

o.V. (2008): Cisco Video Project Report. University of Southern California

o.V. (2008): Screenshot movies.msn.de. In: http://movies.msn.de (Stand: 22.11.2008)

o.V. (2008.12.02.): 25 Millionen schauen Videos im Internet. In: http://www.bitkom.org/de/presse/56204_55722.aspx (Stand: 04.04.2009)

o.V. (2009): Online Video Syndication: Pushing Video to Pull. In: http://www.contentinople.com/insider/details.asp?sku_id=2361&skuitem_itemid=1172&promo_code=&aff_code=&next_url=%2Fsearch.asp%3F (Stand: 24.03.2009)

o.V. (2009): Screenshot Amazon.de: In: http://www.amazon.de/Die-F%C3%A4lscher-Karl-Markovics/dp/B000U6SOMK/ref=sr_1_1?ie=UTF8&s=dvd&qid=1244382623&sr=8-1 (Stand: 25.05.2009)

o.V. (2009): Screenshot aus Video: Boxee Remote iPhone. In: http://www.youtube.com/watch?v=1OL6ruHE7WA&eurl=http%3A%2F%2Fblog.boxee.tv%2F2009%2F03%2F15%2Fboxee-iphone-remote-app-available-on-the-app-store%2F&feature=player_embedded (Stand: 05.04.2009)

o.V. (2009): Screenshot createspace.com. In: https://www.createspace.com/Products/DVD/ (Stand: 19.03.2009)

o.V. (2009): Screenshot createspace.com. In: https://www.createspace.com/Products/DVD/ (Stand: 19.03.2009) o.V. (2009): Screenshot game.co.uk. In: http://www.game.co.uk/Xbox360/Action/Shooter/~r328876/Grand-Theft-Auto-IV/?recommended=GAME (Stand: 13.04.2009)

o.V. (2009): Screenshot hbo.com. In: http://www.hboonroadrunner.com/apps/mktgweb/gettingstarted.jsp (Stand: 24.04.2009)

o.V. (2009): Screenshot hulu.com. In: http://www.hulu.com (Stand: 14.02.2009)

o.V. (2009): Screenshot maxdome.de. In: https://account.maxdome.de/play/serie/audl/video/29566/?item=annaunddieli_27827_2009&channel=MXDSeries&mxdsid=ABAC00FF057AFA8319564CD567AF1BAF.a05d10t51 (Stand: 04.05.2009)

o.V. (2009): Screenshot tunecore.com. In: http://www.tunecore.com (Stand: 02.02.2009)

o.V. (2009): Screenshot tunecore.com. In: http://www.tunecore.com/index/faq#VideoCost (Stand: 02.02.2009)

o.V. (2009): Screenshot YouTube. In: http://www.youtube.com/watch?v=ee_rDSvOSnY (Stand: 23.02.2009)

o.V. (2009): Screenshot zunavision.com. In: http://www.zunavision.com (Stand: 23.04.2009)

o.V. (2009.02.15.): 16 Millionen UMTS-Anschlüsse in Deutschland. In: http://www.bitkom.org/de/presse/8477_57785.aspx (Stand: 04.04.2009)

o.V. (kein Datum): Medienbesitz und Mediennutzung der Jugendlichen in Österreich. ORF Markt und Medienforschung

o.V. (kein Datum): Screenshot hulu.com (Stand: 13.03.2009)

Perez, Sarah (2009.04.20.): The State of the Smartphone: iPhone is Way, Way Ahead. In: http://www.readwriteweb.com/archives/the_state_of_the_smartphone_iphone_is_way_way_ahea.php (Stand: 16.05.2009)

Popp Wolfgang/Parke, Lennart/Kaumanns, Ralf (2008): Rechtemanagement in der digitalen Medienwelt. In: Media Perspektiven, 9/2008

Teichmann, Roland (2008): Filmwirtschaftsbericht 2008 – facts+figures 2007. Filminstitut Austria
Thun, Chris (2009.06.02.): Introducing Hollywood's Best Customers

Treverton, Gregory F/Matthies, Carl/Cunningham, Karla J/Goulka, Jeremiah/Ridgeway, Greg/Wong, Anny (2009): Film Piracy, Organized Crime and Terrorism, RAND. In: http://www.rand.org/pubs/monographs/2009/RAND_MG742.pdf (Stand: 02.05.2009)

Verna, Paul (2008.12.29.): The Next Step in User-Generated Content. In: http://www.emarketer.com/Article.aspx?id=1006831 (Stand: 02.02.2009)

Whiting, Susan (2009): A2/M2 Three Screen Report 1st Quarter 2009 - Television, Internet and Mobile Usage in the U.S. The Nielson Company

Williamson, Debra Aho (2007): Kids and Teens:Virtual Worlds Open New Universe. In: http://www.emarketer.com/Reports/All/Emarketer_2000437.aspx (Stand: 04.04.2009)

11.3 Interviews

Benkler, Yochai (2008.09.08.): Interview in ORF TV-Sendung „Kulturmontag"

Gröbchen, Walter (2008.09.08.): Interview in ORF TV-Sendung „Kulturmontag"

Ito, Joichi (2008.09.05.): Vortrag bei Ars Electronica 2008

Ito, Joichi (2008.09.08.): Interview in ORF TV-Sendung „Kulturmontag"

Pohl, Sigrid (2008.09.08): Interview in ORF TV-Sendung „Kulturmontag"

Sedlaczek, Ursula (2008.09.08.): Interview in ORF TV-Sendung „Kulturmontag"

Stocker, Gerfried (2008.09.08.): Interview in ORF TV-Sendung „Kulturmontag"

11.4 Internetquellen

Ackermann Greenberg, Dan (2007.11.22.): The Secret Strategies Behind Many „Viral" Videos. In: http://www.techcrunch.com/2007/11/22/the-secret-strategies-behind-many-viral-videos/ (Stand: 12.01.2009)

Beckedahl, Markus (2009.01.05.): NIN: Meistverkaufte Online-Album 2008. In: http://netzpolitik.org/2009/nin-meistverkaufte-online-album-2008/ (Stand: 24.01.2009)

Bradshaw, Tim/ Garrahan, Matthew (2008.11.16.): Rival forecast to catch YouTube. http://www.ft.com/cms/s/0/74ab11da-b415-11dd-8e35-0000779fd18c.html?nclick_check=1 (Stand: 08.02.2009)

Briegleb, Volker (2009.04.17.): Pirate Bay: Berufung gegen "bizarres Urteil". In: http://www.heise.de/newsticker/Pirate-Bay-Berufung-gegen-bizarres-Urteil--/meldung/136352 (Stand: 05.05.2009)

Brill, Shari Anne (2009.03.26): Video Consumer Mapping Study. In: http://www.researchexcellence.com/VCMFINALREPORT_4_28_09.pdf (Stand: 08.04.2009)

Broderick, Peter (2008): Welcome to the new World of Distribution. In: http://www.peterbroderick.com/writing/writing/maximizingdistribution.html (Stand: 12.11.2008)

Buchanan, Matt (2009.03.19.): You Can Now Buy and HD Movies From iTunes Directly In: http://gizmodo.com/5175855/you-can-now-buy-hd-movies-from-itunes (Stand: 04.04.2009)

Cheng, Jacqui (2009.04.20.): Study: pirated biggest music buyers. Labels: yeah, right. In: http://arstechnica.com/media/news/2009/04/study-pirates-buy-tons-more-music-than-average-folks.ars (Stand: 01.05.2009)

Dax, Patrick (2009.03.30.): Für Inhalte wird nichts bezahlt. In: http://futurezone.orf.at/stories/1503582/ (Stand: 12.04.2009)

Deterding, Sebastian/Trinius Stephan (2007): Urheberrecht. Bpb: Bundeszentrale für politische Bildung. In: http://www.bpb.de/themen/0GNUL9,0,0,Urheberrecht.html (Stand: 22.04.2009)

Einzinger, Kurt (2008.08.26.): ISPA weist überzogene Forderungen der Filmindustrie zurück. In: http://www.google.at/url?sa=U&start=1&q=http://www.ispa.at/index.php%3Fid%3D1189&ei=aqn2ScTIN4Sz-QbFt7W8Dw&sig2=KEzYFie0uAQ0Lg0KrnZK-g&usg=AFQjCNFnoNvDEQOSF5ZDv_uG2nruzoKcLA (Stand: 04.01.2009)

Ewert, Burkhard/Müller, Anja (2001.01.22.): Interview: Keine echte Revolution. In: http://www.handelsblatt.com/archiv/interview-keine-echte-revolution;452378 (Stand 12.02.2009)

Gannes, Liz (2008.12.26.): Wii to Get Video on Demand...Sorta. In: http://newteevee.com/2008/12/26/wii-to-get-video-on-demandsorta/ (Stand: 08.04.2009)

Gehring, Robert A. (2008.03.28.): Warner Music steuert auf "Kulturflatrate" zu. In: http://www.golem.de/0803/58665-2.html (Stand: 04.05.2009)

Greenberg, Andy (2007.05.24.): Star Wars' Galactiv Dollars. In: http://www.forbes.com/2007/05/24/star-wars-revenues-tech-cx_ag_0524money.html (Stand: 12.05.2009)

Heinrich, Luigi (2009.01.23.): Es ist alles nützlich, was passiert. In: http://www.kleinezeitung.at/nachrichten/kultur/1741008/index.do (Stand: 21.03.2009)

Hernandez, Eugine (2009.03.17.): Digital Distribution: "Gigantic" Exposure? "Pathetic" Revenues? In: http://www.indiewire.com/article/2009/03/16/digital_distribution_gigantic_exposure_pathetic_revenues/ (Stand: 04.04.2009)

Igler, Nadja (2009.04.22.): Der App Store ist der brutalste Markt. In: http://futurezone.orf.at/stories/1602482/ (Stand: 05.05.2009)

Isaacson, Walter (2009.02.05.): How to save Your Newspaper. In: http://www.time.com/time/business/article/0,8599,1877191,00.html (Stand: 26.02.2009)

Jakobs, Benjamin (2009.02.23.): PS3: Mehr als 21 Millionen verkauft. In: http://www.eurogamer.de/articles/ps3-mehr-als-21-millionen-verkauft (Stand:08.04.2009)

Junee, Ryan (2009.05.20.): Zoinks! 20 Hours of Video Uploaded Every Minute! In: http://www.youtube.com/blog?entry=on4EmafA5MA (Stand 25.05.2009)

Kay, Jeremy (2009.01.27.): Sundance 2009: the numbers that matter. In: http://www.guardian.co.uk/film/filmblog/2009/jan/27/sundance-2009 (Stand: 01.02.2009)

Kincaid, Jason (2009.02.06.): MySpace Begins Monetizing Music Videos With Impressive Results. In: http://www.techcrunch.com/2009/02/06/myspace-begins-monetizing-music-videos-with-impressive-results/ (Stand: 23.02.2009)

Kirschbaum, Erik (2008.09.29.): „Baader" fails to match „Downfall". In http://www.variety.com/article/VR1117993061.html?categoryid=19&cs=1&nid=3078 (Stand: 11.12.2008)

Kremp, Matthias (2007.04.02.): Apple startet Musikverkauf ohne Kopierschutz. In: http://www.spiegel.de/netzwelt/web/0,1518,475214,00.html (Stand 22.04.2009)

Landsgesell, Gunnar/Ungerböck, Andreas (2007): Eine absolute Katastrophe. In: http://www.ray-magazin.at/2007/0907/th_filmf_2.htm (Stand: 01.02.2009)

Lawler, Richard (2008.03.25.): THX Chief Scientist: "It's too late for Blu-ray". In: http://www.engadgethd.com/tag/laurie+fincham/ (Stand 05.05.2009)

Lawler, Ryan (2009.02.24.): CBS's TV.com Goes International. In: http://www.contentinople.com/author.asp?section_id=450&doc_id=172616 (Stand: 26.03.2009)

Leffler, Rebecca (2009.05.14.): TF1 in talks with UGC to join forces. In: http://www.hollywoodreporter.com/hr/content_display/news/e3id8b91cde574aee655e690d6a2bb03319 (Stand 25.05.2009)

Maatz, Björn (2009.01.09): Elektronikbranche legt Blu-ray-Köder aus. In: http://www.ftd.de/technik/medien_internet/:Consumer-Electronics-Show-Elektronikbranche-legt-Blu-ray-K%F6der-aus/458795.html (Stand: 05.05.2009)

Magiera, Marcy (2009.01.21.): Videogames sales bigger than DVD/Blue-ray for first time. In: http://www.videobusiness.com/article/CA6631456.html (Stand: 04.04.2009)

Mantel, Uwe (2009.05.07.): RTL Group: Gewinn bricht um über 50 Prozent ein. In: http://www.dwdl.de/story/20855/rtl_group_gewinn_bricht_um_ber_50_prozent_ein/ (Stand: 21.05.2009)

Manyika, James (2008): Google's view on the future of business: An interview with CEO Eric Schmidt. In: http://www.mckinseyquarterly.com/Googles_view_on_the_future_of_business_An_interview_with_CEO_Eric_Schmidt_2229?pagenum=1#interactive_google_schmidt (05.05.2009)

Matthes, Sebastian (2008.09.12.): Wie Gründer virales Marketing erfolgreich einsetzen. In: http://www.wiwo.de/unternehmer-maerkte/wie-gruender-virales-marketing-erfolgreich-einsetzen-306041/2/ (Stand 20.12.2008)

Meisner, Jeff (2009.04.02.): Ticketmaster, Live Nation Deal Could Cost Fans. In: http://www.ecommercetimes.com/story/66083.html?wlc=1235948602 (Stand: 12.05.2009)

Mellor, Pelle (2009.03.05.): Fair comment. In: http://www.economist.com/science/tq/displaystory.cfm?story_id=13174365 (Stand: 01.04.2009)

Menzel, Stefan (2008.11.14.): ORF macht riesigen Verlust. In: http://www.handelsblatt.com/unternehmen/it-medien/orf-macht-riesigen-verlust%3B2088792 (12.04.2009)

Meyer-Lucht, Robin (2009.02.17.): Panik ist kein Geschäftsmodell. In: http://www.spiegel.de/netzwelt/web/0,1518,607889,00.html (Stand: 23.02.2009)

Miles, Stuart (2009.09.03): Samsung: „Blue-ray has 5 years left". In: http://www.pocket-lint.com/news/news.phtml/17399/18423/samsung-blu-ray-5-years-left.phtml (Stand 05.05.2009)

Minelli, Sam H. (2008): Creative Content Online: Multi Territory Rights Licensing, the European Commission Regulatory Consultation, and the Orphan Work issues. In:

http://www.mileproject.eu/asset_arena/document/LI/IPR_CEPIC_JUNE_2008_ORPH AN_WORKS_MULTI_TERRITORY_LICENSING_ALI.PDF (Stand: 24.04.2009)

Miner, Michael (2009.05.05.): Will Report for Tips. In: http://www.chicagoreader.com/features/stories/hottype/090305/ (Stand: 10.05.2009)

Morgenstern, Gary/Wozman, Josh (2009.04.20.): Television Viewing Becomes Increasingly Fragmented as Overall Consumption Grows, Accenture Global Survey Finds. In: http://newsroom.accenture.com/article_display.cfm?article_id=4822 (Stand: 05.05.2009)

Morris, Neil (2009.04.02.): The rise and fall of UGC? In: http://www.digitalpublic.co.uk/blog/the-rise-and-fall-of-ugc (Stand: 04.04.2009)

Nakashima, Ryan (2008.08.05.): Time Warner to shut Picturehouse, Warner Independent studios. In: http://www.usatoday.com/life/movies/news/2008-05-08-time-warner_N.htm (Stand: 26.12.2009)

o.V. (2003.01.15): Wo Hollywood-Stars ihre kreativen Seiten ausleben. In: http://www.spiegel.de/kultur/kino/0,1518,230773,00.html (Stand: 24.02.2009)

o.V. (2007.05.08.): Kinoschutzfrist vor dem Fall. In: http://futurezone.orf.at/stories/191295/ (Stand 24.2.2009)

o.V. (2007.10.13.): Live Nation could lose money on Madonna deal. In: http://www.reuters.com/article/musicNews/idUSN1325809620071013 (Stand: 12.05.2009)

o.V. (2008): UK iTunes launches movie service: legal downloading now easier than pirated films? In: http://www.knitwareblog.com/itunes-new-movie-service-makes-legal-downloading-easier-than-torrents-00435/ (Stand: 17.01.2009)

o.V. (2008.07.17.): Business – Crowed Financing. In: http://spoonfeedin.blogspot.com/2008/09/business-crowd-financing-gread.html (Stand: 02.03.2009)

o.V. (2009): CreateSpace: Self-Publish and Distribute Your Books, Video and Music On-Demand. In: https://www.createspace.com/Products/VideoDownload/ (19.03.2009)

o.V. (2009): Funable Online Fundraising. In: http://www.fundable.com/groupactions/groupaction.2007-10-12.8557526519/ (06.05.2009)

o.V. (2009): Transporter 3. In: http://www.amazon.de/Transporter-Blu-ray-UK-Robert-Knepper/dp/B001Q94THE/ref=sr_1_2?ie=UTF8&s=dvd&qid=1238410141&sr=8-2 (Stand: 26.05.2009)

o.V. (2009,26.02.): Pirate Bay: Musikindustrie-Chef während Prozess ausgelacht, In: http://diepresse.com/home/techscience/internet/456169/index.do?from=gl.home_Tech%20&%20Science (Stand: 01.04.2009)

o.V. (2009.01.05.): Americans View 34 Percent More Online Videos in November 2008 Compared to Year Ago. In: http://www.comscore.com/press/release.asp?press=2660 (Stand: 12.2.2009)

o.V. (2009.01.11.): Erfolg der Blu-ray-Disc lässt auf sich warten. In: http://futurezone.orf.at/stories/1501607/ (Stand: 22.02.2009)

o.V. (2009.01.27.): 23.000 Prozent mehr Verkaufswachstum. In: http://www.gulli.com/news/monty-python-23-000-prozent-2009-01-27/ (Stand: 23.02.2009) Übersetzt aus: http://www.youtube.com/montypython

o.V. (2009.03.19.): Internet schlägt erstmals Zeitung. In: http://derstandard.at/?url=/?id=1237227671157 (Stand: 23.03.2009)

o.V. (2009.03.25.): Last.fm Radio wird in den meisten Ländern kostenpflichtig. In: http://www.golem.de/0903/66122.html (Stand: 16.05.2009)

o.V. (2009.03.29): THX: „Es ist zu spät für Blu-ray". In http://futurezone.orf.at/stories/266933/ (Stand: 05.05.2009)

o.V. (2009.05.06.): Walt Disney sucht nach Geschäftsmodell im Internet. In: http://derstandard.at/?url=/?id=1240550677468 (Stand: 18.05.2009)

o.V. (2009.05.07.): Telekom Austria meldet 75.000 aonTV Kunden. In: http://derstandard.at/?url=/?id=1241622146376 (Stand: 19.05.2009)

o.V. (kein Datum): Bubble. In: http://www.boxofficemojo.com/movies/?id=bubble.htm (Stand: 16.03.2009)

o.V. (kein Datum): Filmfestspiele. In: http://de.encarta.msn.com/encyclopedia_721528572/Filmfestspiele.html (Stand: 18.03.2009)

o.V. (kein Datum): Funding Programmes Regulations & Limits, In: http://www.irishfilmboard.ie/funding_programmes/Regulations__Limits/40 (Stand: 20.01.2009)

o.V. (kein Datum): Google To Acquire YouTube for $1.65 Billion in Stock. In: http://www.google.com/press/pressrel/google_youtube.html (Stand: 23.03.2009)

o.V. (kein Datum): In: http://www.ageofstupid.net (Stand: 04.05.2009) o.V. (kein Datum): Kernproblem Refinanzierung: Last.fm ändert das Geschäftsmodell. In: http://www.rollingstone.de/news/article.php?article_file=1238068475.txt&showtopic=The%20Pop%20Life (Stand 25.05.2009)

o.V. (kein Datum): Mit Retroflair durch unendliche Weiten. In:http://www.orf.at/090505-37980/index.html (Stand: 28.05.2009)

o.V. (kein Datum): Odyssye history. In: http://www.magnavox-odyssey.com/Odyssey%20history.htm (Stand: 17.12.2008)

o.V. (kein Datum): The Blair Witch Project (1999). In: http://boxofficemojo.com/movies/?id=blairwitchproject.htm (Stand: 01. 06. 2009)

o.V. (kein Datum): Unternehmensbezogene Informationen – Unternehmensprofil. In: http://www.google.de/intl/de/corporate/ (Stand: 24.04.2009)

o.V. (kein Datum): Waterworld (1995). In: http://boxofficemojo.com/movies/?id=waterworld.htm (Stand: 01. 06. 2009)

o.V. http://www.stardsl.de/triple-play.html (Stand: 28.12.2008)

Parrack, Dave (2008.07.20.): Monetizing YouTube Is The Holy Grail | Google CEO Eric Schmidt Discusses Advert Types. In: http://www.webtvwire.com/monetizing-youtube-is-the-holy-grail-google-ceo-eric-schmidt-discusses-advert-types/ (Stand: 23.02.2009)

Parrack, Dave (2008.11.23.): The Death Of User-Generated Video | Web Video Is Evolving To Professional Content. In: http://www.webtvwire.com/the-death-of-user-generated-video-web-video-is-evolving-to-professional-content/ (Stand: 03.04.2009)

Parrack, Dave (2009.02.28.): Xbox 360 Gets More Downloadable Movies | Consoles Important Drivers Of Online Video. In: http://www.webtvwire.com/xbox-360-gets-more-downloadable-movies-consoles-important-drivers-of-online-video/#more-4199 (Stand: 08.04.2009)

Pink, Daniel H (2005): The Book stops here. In: http://www.wired.com/wired/archive/13.03/wiki.html?pg=2&topic=wiki&topic_set= (Stand: 05.05.2009)

Rayburn, Dan (2009.03.17.): Detailing Netflix's Streaming Costs: Average Movie Costs Five Cents To Deliver. In: http://blog.streamingmedia.com/the_business_of_online_vi/2009/03/estimates-on-what-it-costs-netflixs-to-stream-movies.html (Stand: 24.04.2009)

Ronen, Avner (2009.03.21.): A lively debate with Mark Cuban. In: http://blog.boxee.tv/2009/03/21/a-lively-debate-with-mark-cuban/ (Stand: 04.04.2009)

Spool, Jared M. (2009.03.17.): The Magic behind Amazon's 2.7 Billion Dollar Question. In: http://www.uie.com/articles/magicbehindamazon (Stand: 04.04.2009)

Strain, Adrain/Jacob, Alex (2009.02.25.): The Pirate Bay trial – IFPI Chairman John Kennedy outlines the damage to the music industry. In: http://www.ifpi.org/content/section_news/20090225a.html (Stand: 01.04.2009)

Teichmann, Roland, (2009): In: http://mobil.kurier.at/static/276342.html (Stand: 13.04.2009)

Thompson, Anne (2006.03.17.): Distributors hold firm against day-and-date. In: http://www.hollywoodreporter.com/hr/search/article_display.jsp?vnu_content_id=100 2198452 (Stand: 16.03.2009)

Treverton, Gregory F/Matthies, Carl/Cunningham, Karla J/Goulka, Jeremiah/Ridgeway, Greg/Wong, Anny (2009): Film Piracy, Organized Crime and Terrorism, RAND. In: http://www.rand.org/pubs/monographs/2009/RAND_MG742.pdf (Stand: 02.05.2009)

Whiting, Susan (2008): TV, Internet and Mobile Usage In U.S. Keeps Increasing, Says Nielsen. In: http://en-us.nielsen.com/main/news/news_releases/2009/February/tv_internet_and_mobile (Stand 04.05.2009)

Wild, Sam (2008.02.04.): Filmfinanzierung per Serviettenskizze. In: http://www.taz.de/1/leben/film/artikel/1/filmfinanzierung-per-serviettenskizze/?src=SZ&cHash=043dba7a3b (Stand: 02.03.2009)

Wilkens, Andreas (2008.07.24.): Amazon steigert Umsatz und Gewinn. In: http://www.heise.de/newsticker/Amazon-steigert-Umsatz-und-Gewinn--/meldung/113254 (Stand 04.04.2009)

Wilkens, Andreas (2009.04.24.): Apple hat eine Milliare App-Store-Downloads abgewickelt. In: http://www.heise.de/newsticker/Apple-hat-eine-Milliarde-App-Store-Downloads-abgewickelt--/meldung/136728 (Stand: 05.05.2009)

Wilson, Fred (2006.03.23.): The Freemium Business Model. In: http://www.avc.com/a_vc/2006/03/the_freemium_bu.html (Stand: 12.02.2009)

Wimmer, Barbara (2009.13.19.): Ende für Creative-Commons-Musikplattform. In: http://futurezone.orf.at/stories/1503416/ (Stand: 12.04.2009)

Printed in Germany
by Amazon Distribution
GmbH, Leipzig